鹿嶋春平太——著
趙佳誼、張明敏——譯

聖經圖解

図解聖書のことがよくわかる本

〈推薦序〉

讀聖經洞察一切

彭懷真

台灣一年就出版三萬多種新書，全世界每年問世的書不知道有好幾百甚至好幾千萬種，而人類歷史中的書籍更是不計其數。其中最暢銷、有最多種文字翻譯的，就是「聖經」。我從十四歲起天天讀聖經，靠聖經中的教訓去思考事情，去面對人生的種種考驗。聖經是我生命中的主軸，如果沒有聖經，我根本不知道我是怎樣的人。

讀聖經像是吃一條味道鮮美的魚，魚肉很好吃，但是有很多魚刺。有些人看聖經看到不懂的地方就像吃到魚刺，不想再吃。就可以盡情享受此種生命的美味。聖經又是人類智慧的最大寶藏，任何人都可以在此尋獲大大小小的寶物。不過要豐收，並且快速地找到自己所需要的，最好有高手指引。

商周出版《聖經圖解》就是幫我們挑出魚刺並指引寶藏的好書，這本書很實際、很清楚、資料豐富，又提供許多新知。是很好的工具書，對進入聖經智慧之門也是最好的指引。當然，讀這本書只是一個開始，能夠每天讀聖經，天天享受其中的豐富，才是最有幫助的。

在這混亂的時代，我們都面對大大小小諸多難題，對很多頭痛問題都百思不解。唯有多讀聖經，從其中找答案，我們才有足夠的智慧去判斷萬事。聖經的重要性是不分時空的，聖經的解釋力無遠弗屆，熟讀聖經可以洞察各種難解的人生難題，使我們有信心又充滿盼望地迎接每一天。

本文作者為東海大學社工系副教授、中華民國幸福家庭促進協會秘書長

〈推薦序〉

《聖經》，蠻複雜的！

豬頭皮

「生命意義」之？「借貸法則」乎？大小通吃者？鉅細靡遺也！

你說，要支持政府，因為『在上有權柄的，人人當順服他，因為沒有權柄不是出於　神的。凡掌權的都是　神所命的。』（羅馬書第十三章第一節）

我說，『做官的原不是叫行善的懼怕，乃是叫作惡的懼怕。』（羅馬書第十三章第一節）。有個政府，將林義雄這種好人抓去關，這不是出於　神的。

你我常常拿《聖經》來支持自我「固有疆域」；你我常常將自己的意思「讀入」《聖經》了。

這本書試著還原《聖經》原有的意思，幫助我們將《聖經》「讀出來」。對基督信徒來說，可以「重拾一次的熱情」；對尚不是教友的朋友來說，可以「有機會體貼造物主的心意」。

對於已經讀《聖經》三十多年的我來說，這本書仍舊處處充滿驚喜，有時候覺得，瞭解一下《聖經》實在還不賴，當您在看「埃及王子」或「駭客任務」時，懂《聖經》則更入戲也！

作者試著以日本偶像劇的「夢幻幸福論」，來鼓勵人們讀《聖經》，以獲取「人生的幸福」。

在此，跟各位分享，「得到幸福」最簡單的方式——「相信」！《聖經》告訴我「人是上帝創造的」，我就相信，這對我已足夠。

以阿扁總統最喜歡的一段《聖經》節來跟大家互勉之：『我知道怎樣處卑賤，也知道怎樣處豐富；或飽足，或飢餓；或有餘，或缺乏，隨事隨在，我都得了祕訣。』（腓立比書第四章第十二節）

本文作者為資深基督教徒、瘋狂音樂傳教士

序言

聖經蘊藏著令人驚異的智慧與無限的奧秘在其中，如密林中生長繁盛的職務一般，這些知識盤根錯節地纏繞在一起，內藏著豐富的生命力。

如果聖經的內容整理得更有系統一些，不知道該有多好？但是舊約裡明白告訴我們聖經是依據「依著造物主的啟示所得到的靈感、先知的感動所記載下來的話語」所記錄而成的。在這裡所說的「啟示」並不是按照既定的順序出現的，而是隨機賦予人們的，因此有些內容令人費解。即使是新約聖經內容也是一樣，兩者的基本精神是相同的。

因此，許多想要從聖經中獲得智慧的人，在一開始進行研讀時，往往不得其門而入，於是大多數的人最後只好選擇放棄。

有鑑於此，筆者累積多年經驗，針對聖經的內容整理出一套更簡明的方法，希望各位看了說明就能夠理解，並且安排了一位年輕學子擔任串場的角色，以活潑的對談方式，帶領各位深入探討聖經中所要傳達的核心思想。

不過，無論是任何東西，如果想要說明得更簡潔，經常必須省略一些具體事實的陳述。這點有違聖經的本意。期待讀者們能以本書作為指引，更進一步主動地去接觸聖經中的佳句及其背後深刻的含義。

時至今日，我們正處在全球化時代，如果不了解聖經，就無法掌握國家及社會組織等領導階層是如何運作，也無法在個人生涯規劃上找到適切的方向。在寫作的過程中，深深覺得這本書在目前的時間點問世，意義格外重大，因此秉持這樣的信念來完成這本書的寫作。

在此，我要向負責本書企畫的中經出版書籍編輯部菊池正英編輯長以及天野智子先生、鈴木瞳先生致上敬意。另外，也要感謝天野及鈴木先生在插圖及圖表的編輯過程的大力幫忙。沒有你們的鼎力相助，這本書是無法完整地呈現在初次接觸聖經的讀者面前。

感謝大家。

一九九九年十一月吉日　鹿嶋春平太

目錄 CONTENTS

第2章 透過耶穌得到「救贖」的原理

第3章 閱讀聖經龐大的歷史繪卷

序 章

理解聖經，就能看見世界的脈動

我的名字叫北上望，目前在一間以升學為主的學校就讀高二。眼看過完最後一個春假就要升高三了。雖然覺得很煩，但也不得不思索自己的未來……。

大部分同學認為讀大學是理所當然的。老師也說：「這個春假決定了考場的勝負。」所以我拚命地吸收應考科目的知識，置身於考試地獄之中。

但是，我不認為應考是理所當然的事。我很想停下來，好好地想一想所謂的人生以及世界究竟是什麼。

為了考取大學所吸收的知識，和機智問答節目的問答差不多。比方說：○○戰爭是由誰在何時引發的？這本書是誰寫的？諸如此類片斷的知識，誰能夠在最短的時間答出來，誰就贏得勝利。

連數學，竟然也可以利用背誦口訣的方式解決。現在以升學為主的學校，幾乎全校老師都加入了所謂的「機智問答研究會」，事實上，連社團活動也有所謂的「機智問答研究會」，據說那裡的學生考試成績都會相當卓越。

大人們並不知道真實的情況。父母嘴巴會說：「我了解。所以，請繼續加油……。」希望自己的孩子能繼續念下去。日本這個國家並不容許拒絕聯考的小子存在，結果導致考取名校的人是贏家，其餘皆是輸家。

當我對父親說：「既然這樣，那麼能夠當一個拒絕聯考的小子，不是很好嗎？」

父親回答：「的確，我很早以前就聽人說過，但是，日本是一個變化遲緩的國家。即使社會上真能容許拒絕聯考的小子存在，並且給予他們敗部復活的機會，但是教育當局在設計這種敗部復活的系統時，可能只是有名無實，還是寧可維持現狀，所以，期待敗部復活系統的人可能會因此失望了。聯考制度說穿了，其實是一場在社會上搶奪席次的預賽。」

不過，即使考上了大學，遭受挫折的人也逐漸增加。高中老師告訴我們，當他們突然思考人生課題時，就會一頭栽進新興宗教的狂熱裡，進行破壞社會秩序的活動，甚至有人因此而被退學。也有人為了建立自己的社會地位，受到金錢的誘惑，在工作上因瀆職而受挫。

當然，父母親把這些事都當成是特例，認為在現實生活中會發生這種事的機率很低。像現在努力念書然後成為社會的中堅份子，幸運的話，還能擔任指導者。我們所做的幾乎是將「某事在何時變成怎樣」這樣簡單的事時給背誦下來。

沒錯，我認為「某事將會變成怎樣？」的知識也很重要。但是大部分的指導者都認為年輕人有必要多思考「什麼是正確的？什麼是不正確的？」抱持這種理念從事教育的人占大多數，在他們貧乏的觀念下指導出來的學生，反而害了這個社會。

老師則認為教導學生如何看待人生這種是很主觀，學校不應從事這樣的教育。

話雖如此，對目前的我而言，還不清楚如何才能針對這個問題提出反駁。總之，現階段與其說想要停下來好好思索人生的課題，倒不如說是無法克制自己不去思索這問題。

從前我也曾經想過，就算贏得了不錯的生活條件，過了百年也會結束。難道升學、出社會、結婚這些事真的有意義嗎？

到底人活著的意義為何？所謂的「人」究竟是什麼東西？

在最後的一個學期前，我希望自己能夠找到一個合理的答案。或許我有能力回答這個問題時，自己也跟著有所改變也不一定。對於現在的我，這樣的心情再自然也不過了。

反正，我遲早都要建立屬於我自己的人生觀，並發展出判別基準好判斷「什麼是有價值的，什麼是沒有價值的」。

所謂的前程不就是按照自己的價值觀來決定的嗎？當然在人生漫長的過程中，價值觀也會改變！但是只要確立了自己的人生觀，就可以讓身心得以安頓。

小時候，我最渴望的玩具是運動明星卡（譯注：即 Bromide，在一張如撲克牌大小的卡片印上運動選手的肖像，如棒球明星卡或足球明星卡，擁有卡片的人可以和同好交換或是交易，具蒐藏價值。）不管擁有了多少張明星卡，還是拚命地想要得到更多的卡片。如今那些東西看起來一點價值也沒有，只是喚起我童年回憶的裝飾品罷了。

或許等我長大後，又會有不同的想法吧！

如果在人生某個時間點，價值觀改變了，那麼過去所累積的東西，很可能也變得毫無意義。如果轉換人生的跑道，過去所累積的努力等於是白費了。經常變換跑道的人，無疑是在耗費自己的青春。等到老之將至，才發現自己能夠掌握的人生歲月已經所剩無幾……。

但也有人說，儘管兜了圈子，這些經驗對未來多少有些用處。但是，人生經歷尚淺的我卻沒有這種預感，總覺得這些過程似乎對人生一點幫助也沒有，甚至還有可能造成損失。我並沒有那麼堅強，可以將任何經驗都當作是學習而不是傷害或損失。

曾有一名電視台的主管因在電車內對女子毛手毛腳而被逮捕，遭公司開除。按理說他在職場上常會接觸到這類事件，但他還是明知故犯！

學校的老師也教育我們，所有的人生經驗都是有幫助的。但是我認為老師的想法也未免太天真了吧！

如何活得更精采？什麼才是人生中的目標？誰來指引我「什麼該做？」、「什麼不該做？」或許是我想得太多，但是我希望能夠在這時好好思索人生是什麼、了解身為人的意義何在。我想要多認識這個世界，或說想要認識我們所生存的這個宇宙。

在我努力思索的過程中，心中浮現了「聖經到底在談什麼？」的想法。不知道是什麼原因，以前我就對聖經感到很好奇。

曾有個人對我說，如果有任何疑問不妨提出來討論。於是我鼓起勇氣去拜託他，希望他能夠教我如何讀聖經。對方也很親切地回應我的問題。

每次回到家之後，我都會整理當天對談的筆記，然後提出新的疑問。等到下次拜訪時，再拿新的問題請教他。以下就是對談的紀錄，我將對方告訴我的內容整理成自己的思考和感想。

什麼是聖經？

聖經是基督宗教奉行的經典。
主要由「舊約聖經」和「新約聖經」
兩個部份所組成。

什麼是舊約聖經（the Old Testament）？

透過預言家（説預言的人）經由靈感收到來自造物主的信息，把文字所記錄下來的信息加以編撰、彙集而成的一部經典。所謂「舊約」意思是「（萬物的造物主所給予的）舊的契約」。契約的內容，人類只要遵從造物主的旨意（律法），就能得到幸福。原本舊約是猶太教的經典，但是後來的基督徒因為就越裡記載著耶穌到來的預言，故將舊約的聖經納入基督教的聖經內容，並且取名為「舊約」。

※ 就片面合約來說，與條件必須經過雙方同意後才能成立的社會契約雖然不同，不過合約一旦立了之後「就永遠不會改變約定」這點卻是相同的，因此仍稱作契約。

什麼是新約聖經（the New Testament）？

所謂的「新約」意思是「新的契約」。只要接受了造物主之子耶穌的話語，就能得到（物質或精神上的）幸福。

收錄耶穌的傳記，以及門徒傳道時寫下的書信。是主耶穌於西元三十年被釘死在十字架上之後，由他的門徒記述而成。

為什麼我們必須了解聖經的內容？

我從不曉得《聖經》能不能立刻為我建立人生觀。但我知道，有關人生和自己，及世界的答案全在《聖經》裡，唯有瞄準目標才能正中紅心！

現在正是全體總動員儘速理解《聖經》思想架構的時候。可說已迫在眉睫。為什麼呢？

人若要確知自己的人生方向，必先要對自身所處的社會環境有所認識，才能在其中找到正確的自我定位。

然而，現代社會正邁向國際化。僅僅五、六年，東南亞各國如雪崩似的形成國際社會。日本也感受到國際化的潮流，相信數年後這股潮流仍會持續向前推進。

想要掌握國際化的環境，就必須要了解「《聖經》的理念架構及其世界觀」，這是第一個理由。

所謂的國際化就是西化

所謂的國際化是什麼？仔細觀察，你會發現世界正逐漸西化。國際化正意謂：依照西方人所描繪的藍圖，重新整合國家社會的結構。

基督宗教的派別

天主教（舊教）

它是一個歷史悠久的宗教團體，從羅馬帝國承認基督教為國教開始，致力於教會的管理及營運至今。

耶穌去世後，迅速在羅馬帝國擴張的基督教團，後來發展成「五大教區」，各區安置一名總樞機主教負責管轄教區。其中羅馬大教區的總樞機主教是「教宗」，是「耶穌的代理人」，教宗所管轄的教區可以行使特殊的權力，加上其他四大教區共同組成的宗教團體。

目前天主教的總部設在義大利半島的梵諦岡。

希臘正教（東正教）

君士坦堡牧區（東派教會中心）因為否認羅馬教皇為普世教會領導者，與羅馬教會（西派教會中心）互爭首席地位。東派教會認為自己是保有正統教義的正宗教會，於西元一〇五四年正式獨立，自稱「正統天主教」（Orthodox Catholicism）。又因屬希臘語區，當時教宗儀式皆以希臘語為主，故又稱「希臘正教」（Greek Orthodoxy）。目前在俄羅斯及東歐國家較為普及。

基督教（新教）

西元一五一七年起，以馬丁路德與喀爾文所掀起的宗教改革運動為契機，所成立的宗教團體。基督教相對於天主教（舊教），也稱為「新教」。天主教承認教宗為至高權威，但基督教認為只有聖經才是唯一的至高權威。因為著重聖經中不同的部分，基督教又分成相當多的支派，一律統稱基督教。

這故潮流，從殖民地時代就開始了。日本最早被捲入國際化是在明治維新時期。發起明治維新的元老們順應這股潮流，一方面握有主權，另一方面則實施西化政策，這是第一階段的國際化。後來，身為領導階級的踵繼者無能，只好被迫捲入這股來勢洶洶的西潮之中，其中包括介入二次世界大戰，並且悲慘地宣告日本戰敗。因此在二次世界大戰結束後，開始進入第二階段的國際化。

戰敗後的日本，成為麥克阿瑟政權領導下的附庸，只是一味地複製美國的制度。儘管很認真地汲取他們的經驗，但實際上仍不足，時至今日，日本正進入第三階段的國際化。

十多年來，西方諸國一再敦促日本「改善社會結構」，並斷斷續續提出類似要求。然而，日本的相關單位到底該如何改造日本？我們似乎看不見日本方面有類似西方國家所描繪的未來藍圖。所以，每當有人問起，都不知道該如何回應才好。

有些集會提出片面的對策，但是執行方面卻欠缺一貫性，因此無法累積成果。因此西歐各國對日本的態度感到不耐，而日本的社會結構也面臨解體的命運，像是泡沫經濟以降分崩離析的狀態。

西歐各國究竟是依據什麼樣的藍圖進行結構性的改革呢？倘若無法確切解讀，那麼日本每一位國民連自己所處社會發生了什麼樣的變化都不清楚，又該如何確立人生的方向呢？

想必大家的內心一定惶恐不安，一邊看著周圍的變化，一邊調整自己的腳步，要避免上述的情形發生，唯有找出那些人心中的藍圖，針對他們所思考的基礎部分加以解讀。因此我們必須要了解生長在「聖經文化圈」的人們所抱持的世界觀、歷史觀及價值觀，除此之外沒有其他的辦法。

二十一世紀初宗教熱潮復興

日本國內今後的宗教環境勢必面臨更加激烈的變化。要如何針對這個部分採取因應對策，此時《聖經》的知識就派上用場了，這是第二個原因。

以奧姆真理教為首的新興宗教團體引發了極大的社會問題，為什麼在這段期間新興宗教團體能夠急速成長，大眾媒體說是因為世紀末的宗教狂潮所致。然而二十一世紀初，又再次掀起宗教熱潮。咸信必又會引發另一波的社會問題，許多日本人都會被捲入這股熱潮之中，而且危險性又相當高。

近年來的新興宗教團體大多斷章取義地擷取聖經的思考模式，運用在自己的教義裡。像是千年王國、地上樂園、世界末日、最後的聖戰、哈米吉多頓等等。並且模仿這些源自聖經的概念，融入自己的宗教理念中。

這些新興宗教團體的傳教者還會向教友們說「這件事是《聖經》所預言的」，表面上看起來是對聖經的內容知之甚詳，其實是在利用聖經的權威。

日本人即使不曉得聖經的內容，也會對它抱持著信賴感，因此可說很容易就相信對方的說詞，像這樣被欺騙的個案層出不窮。為了避免這種危險，除了了解聖經本身到底在說些什麼，別無他法。了解聖經的內容後，保證你百分之百可以保護自己免於宗教的威脅或利用，因為，若不了解的話，也許就會被對方的話矇騙，其差別在於能分辨出「這好像和《聖經》中所說的不太一樣耶！」知識可以保身，這話說得一點也沒錯。

聖經是獨創力和活力的泉源

第三，《聖經》的知識不僅可以防身，也可以為個人的生活加分，具有積極的建設性。

現在，大聲疾呼日本人必須具有獨創性似乎變得很盛行。基於這個出發點，學校的義務教育也大幅增加讓學生們自由研究的課程，這樣的時代來臨了。藉由這種方式，或許會提升學習的效果吧！

不過，只要通曉《聖經》的觀念，就可以從根本上獲得獨創性的靈感。比方說發現萬有引力法則的數學家牛頓，他就曾很認真地研讀《聖經》，甚至撰寫解讀《聖經》的書。他透過《聖經》獲得恢宏的宇宙觀，因而產生了假說的靈感。

或許，牛頓的眼界是我們無法企及的，不過對於學問的追求或是事業上的發展，《聖經》的確可以幫助我們開拓獨創的視野，提供我們源源不對的靈感，這點是不會錯的。

甚至連企業及政府高層，如朝日啤酒的榮譽社長樋口廣太郎，為了敦促政府突破目前日本的困境而徵求民間的意見；他本身是天主教徒。還有處於不景氣大環境下的日本央行，擔任總舵手的總裁速水優先生也是新教的基督徒。

不曉得他們研讀聖經到什麼樣的地步，從必須擔負起帶領國家走出困境的重責大任這點來看，同理可證，想必他們從聖經裡也獲得了不少獨創力與活力吧！

| 第 1 章 |

先來看看《聖經》的世界吧！

1 《聖經》是如何看待「世界」的呢？

他跟我聊起聖經的頭一天，我總覺得一小時好像只有短短五分鐘，時間一下子就過去了。我向他告辭，快速奔回家，將今天學到的知識整理成筆記。

我準備離開時，喃喃地說：「下次想要聽聽聖經的內容……。」，他只說了一句：「好啊，等你概念清楚的時候再說。」

他已經說了開場白，真想早一點進入主題。當我再次前往他家拜訪，卻未能如願，他邊翻著厚厚的聖經，邊把研讀聖經前一些「必要的基本知識」講解給我聽。

《聖經》一貫的世界觀

在進入《聖經》內容前，必須先了解一個基本概念，如果不先掌握這個概念，就無法理解接下來的其他內容。首先，我們必須了解對於《聖經》背後的「存在觀」有基本的認識。

「世界分成創造它的存在，以及被創造的存在兩個部分。」

聖經是在這個大前提下撰寫而成。世界只有一個「造物主」，祂創造了一切的東西。包含我自己，我們所見到的一切事都是被創造出來的。

同時，「只有一個造物主，祂創造了一切的東西。」這句話裡，並沒有說造物主有好幾個，因為造物主是「獨一無二的」。

因此，有必要以這樣的觀念試著去思考一下我們身處的這個世界。然後，試著想像這個世界是由造物主和受造物兩者並存而成立的。試著去體會一下撰寫《聖經》的人「對世界的感覺」。

總之，試著這樣做也不錯，重要的是，不要忘了剛才提到的這些概念。免得看《聖經》故事時，腦筋打結。

這是想像力的問題，希望各位能閉上眼睛，試著用心揣摩。

我閉上眼睛，感覺我的身體、地面、以及地面上的群山、河流、海以及天空和廣大的宇宙……這一切，全都和創造它的造物主同時存在，抓住這份感覺。剛開始雖然還不太明白，但不知不覺就會逐漸明白了。

GOD與「神明」不可混為一談

《聖經》是基督宗教的宗教經典。在宗教裡，常會有超越人類的力量、肉眼看不見的超自然存在出現。我們稱之為「神」。而《聖經》中教作GOD，翻譯成中文，它的意思也是「神」。

不過，《聖經》中的GOD並不是一個漠然無表情的神，這個字具有特定的意涵，它意謂著「創造這世間一切存在的造物主」。

不只是意義上受到限定，如果把GOD叫作「神」，那麼《聖經》中的GOD，不就像我們民間所信仰的神明一樣，會產生混淆，會讓人以為《聖經》中的GOD的形象也是「漠然無表情，眼神茫然好像看不見」。

當我們在讀《聖經》時，看到「神」這個字，就變成要一邊打破原有的對於神的印象，一邊理解內容。為了避免發生上述的情況，我在本文當中，在提到GOD的部分，會以「造物主」來稱呼，來加以區隔。

聖經小百科 Bible

聖經的英文教作「Bible」。古代《聖經》是寫在盛產於埃及、敘利亞淺湖中的蘆薈製成的紙上。這種蘆薈又成為紙草，由敘利亞的白百羅港（Byblos）出口。希臘文的Byblos意為「書本」，即由此港口之名而來。《聖經》本身則寓含「書中之書」的意思。

聖經的世界觀

世界因為兩者的存在而成立

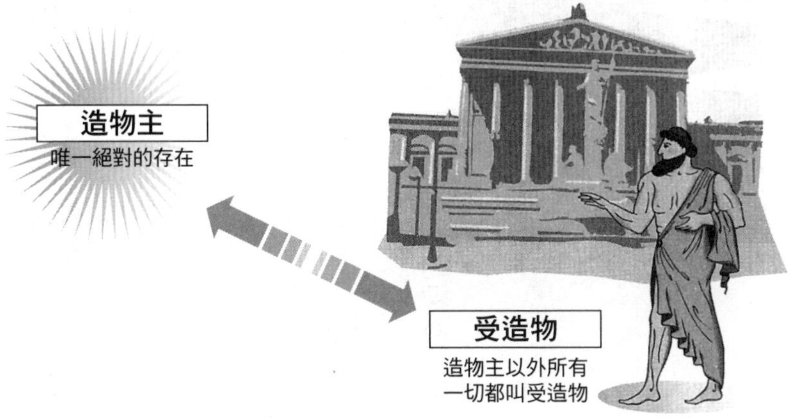

「神」和 GOD 的差別

2 聖經上到底寫了些什麼？

「讓你久等了，我們來看聖經的內容吧！」

他一邊這麼說著，一邊撫摸著黑色的封面，再快速地翻閱聖經。

舊約聖經——從猶太人的經典到人類的經典

《聖經》是由「舊約聖經」和「新約聖經」兩個部分所組成。前半部是舊約，後半部是新約。

舊約意指「舊的契約」，而新約則是「新的契約」。關於契約中所述的具體內容，以下章節會有詳細介紹。

《聖經》中有幾節經文解釋了舊約聖經的由來：「聖靈之默示而來，顯明造物主給予作為受造物的人類之一切旨意。」

舊約聖經是什麼？

所謂舊約聖經……
造物主給予作為受造物
的人類之一切旨意

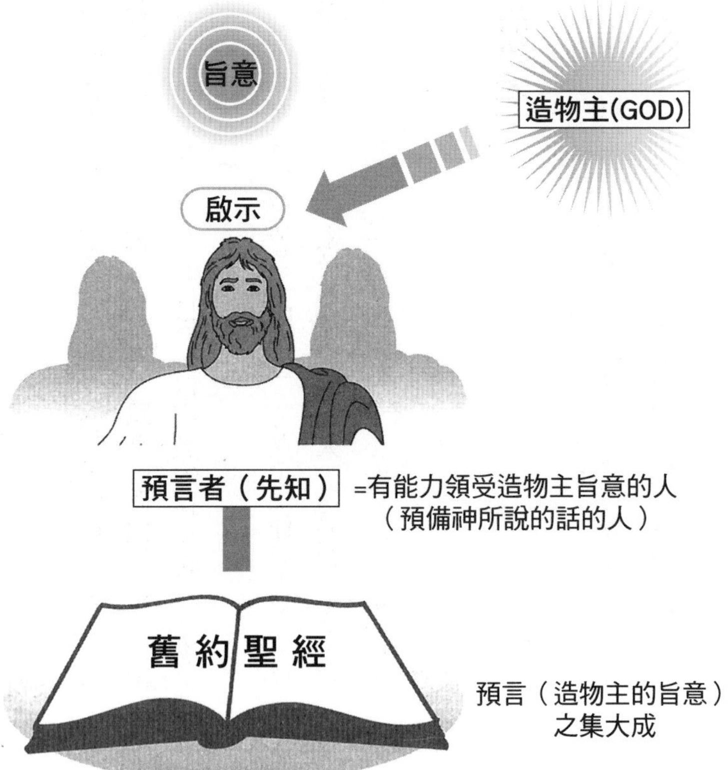

「聖經都是神所默示的，於教訓、督責、使人歸正、教導人學義都是有益的。」
——（提摩太後書第三章十六節）

看了以上經文，在讀《聖經》時如果沒有真心接受「世界最初是由造物主和受造物所架構的」的存在觀，你很難理解《聖經》的內容。《聖經》整本書徹頭徹尾是「創造者」（造物主）以及「被創造者」（受造物）並存的世界，以複數的存在觀為基礎，被先知和使徒們記載下來。

由造物主而來的旨意以靈感的方式傳達，被稱為「啟示」。並不是任何人都可以得到啟示。能夠感知的人，稱之為「預言者」，僅限於靈感豐富的人。透過預言家（說預言的人）經由靈感接受到來自造物主的信息，把文字所記錄下來的信息加以編撰、彙集而成的一部經典。

新約聖經——耶穌訓誨的讀本

新約聖經是集合了記載耶穌是基的傳記、以及使徒們在傳說耶穌的教導時所寫下的書信加以編撰而成。這也是受到造物主以及聖靈的啟示記載下來的，意謂著整本聖經最原始的作者其實是造物主。

舊約聖經在過去是被猶太人當作信仰猶太教的經典，其內容收錄到基督教聖經的

聖經小百科　猶太教（Judaism）

猶太人信仰的宗教，是以摩西的律法「十誡」為基礎，相信彌賽亞（救世主）的來臨。紀元前五八六年猶太人的聖城—耶路撒冷，被新巴比倫國王的軍隊攻占，王宮和聖殿全被燒毀，大批的猶太人被押送到巴比倫（巴比倫之囚），紀元前五三八年，猶太民族返回耶路撒冷，成立猶太教，開始宣教。

新約聖經是什麼？

所謂的新約聖經……
集合了記載耶穌事蹟的傳記，
以及使徒們在傳說耶穌的教導時
所寫下的書信。

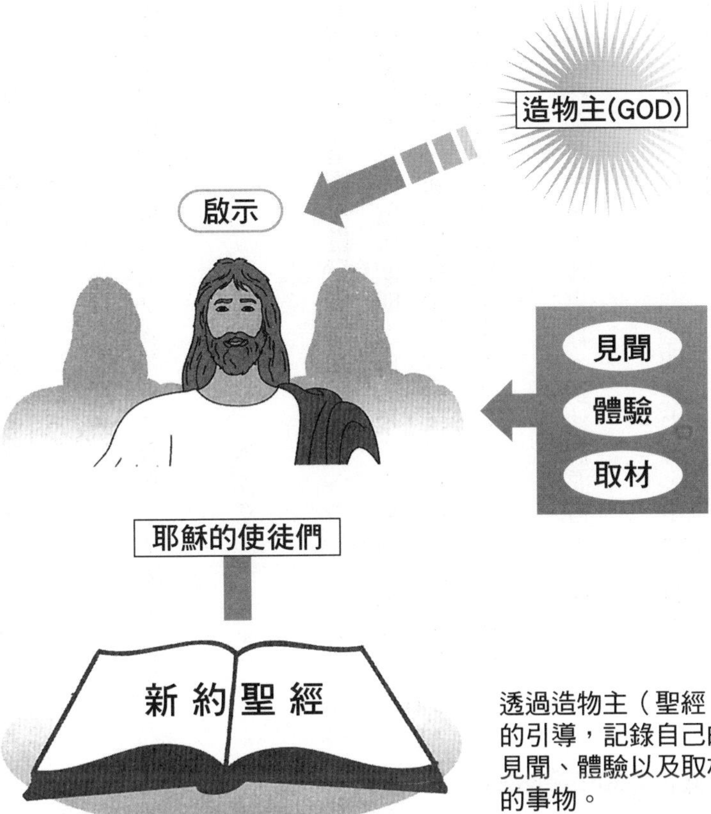

透過造物主（聖經）的引導，記錄自己的見聞、體驗以及取材的事物。

前半部。

為什麼舊約聖經會收錄在前半部？因為耶穌是「舊約聖經所預表的彌賽亞（救世主）」。

> 「你們應當查考聖經（指的是舊約聖經），因你們以為其中有永生；聖經是為我作見證的。」
>
> ——（約翰福音．第五章三十九節）

從這個觀點查閱，原來舊約的內容是以這條線貫穿。

因此，根據基督教團的判斷，「新約聖經」當中明明白白表示，舊約的內容其實是一本有關耶穌的預言書。而舊約又是實現「新約聖經中的教導可以獲得更深一層的確認」的一本保證書，因此正統的基督宗教把猶太教的主要教義作為《聖經》內容的「舊約」部份。

當然，過去使用舊約聖經的猶太教徒並不承認上述事實。對他們而言，《聖經》是舊約聖經，不是新約聖經。

我在美國和猶太人辯論時，手上拿著新聖經，才說完「聖經上說……」，對方立刻質疑：「等一下，那不是《聖經》，你應該叫它 New Testament（新約聖經的英文名字）。」

聖經小百科 New Testament

Testament 意謂著「遺言、契約」，由於拉丁語的 testamentum 而來。造物主和人之間締結的「契約」，英文又叫做 Covenant。相對於新約聖經，舊約聖經叫做 Old Testament。

3 舊約聖經和新約聖經的不同之處

聽到他教我的東西，讓我感到很訝異。雖然我聽得懂他說的話，但我還是感受不到「《聖經》究竟是什麼？」還沒有接觸到具體的內容，實在是無法領會。想到這些，我臉上立刻出現疑惑的表情！他開始為我講解《聖經》的內容架構。

舊約聖經——從創世以來到耶穌誕生的故事

聖經是由許多獨立部分所架構而成，首先，舊約聖經是由三十九卷文書集合而成的，依內容來判斷，共分為四個部分。

第一部分是「摩西五書」，聖經學者一致公認聖經的頭五卷書作者是摩西。在聖經原文裡，「創世記」、「出埃及記」、「利未記」、「民數記」和「申命記」是不

聖經小百科　摩西（Moses）

西元前十三世紀的猶太預言家，舊約聖經「出埃及記」的作者，帶領在埃及過著奴隸生活的猶太人到達神所預備的流著奶和蜜之地—迦南（巴勒斯坦的古地名，在今天約旦河與死海的西岸一帶），神藉著摩西寫下「十誡」給祂的子民遵守，並建造會幕，教導祂的子民敬拜祂。

分開的。猶太人稱呼這五卷書為「摩西五卷」，也叫做「律法書」。

律法是「造物主的命令」，在這五卷書中記載了許許多多有關造物主交代的命令。其中最有名的莫過於「十誡」，它在律法的象徵，當中常會出現「你應當如何如何……」這樣的句子。

第二部份是「歷史書」。包括「約書亞記」、「士師記」、「路得記」、「撒母耳記」（上、下）、「列王紀」（上、下）、「歷代志」（上、下）、「以斯拉記」、「尼希米記」和「以斯帖記」。

當然，不只這幾篇記載著歷史。收錄在摩西五書中的「創世記」、「出埃及記」也有多處記載了歷史。但是第二部份因為歷史書的色彩特別顯著，所以才被稱作「歷史書」。

由於舊約聖經共有三十九卷，內容相當多，如果能夠找出個別的特徵加以分類，查閱時就會覺得比較方便。

第三部份被稱作「詩歌智慧書」。

包含「約伯記」、「詩篇」、「箴言」、「傳道書」和「雅歌」五卷。之所以採用這名稱，是因為「詩篇」和「雅歌」是用詩歌形式寫成，「約伯記」、「箴言」和「傳道書」則以探討人生哲理為主（也可以稱為智慧書），大部份內容也是詩歌形式。

聖經小百科　摩西五書

「創世記」（Genesis）記載了這個世界被創造的樣子；「出埃及記」（Exodus）記載了摩西率領以色列人從埃及走出故事；「利未記」（Leviticus）記載了祭司工作的相關規定（祭司是神與人之間溝通的媒介；由「利未族」擔任）；「民數記」（Numbers）記載了兩次人口普查；「申命記」（Deuteronomy）是死期將近的摩西重新寫下造物主的命令所記錄的文字。

智慧書中以「箴言」為代表，教導一個蒙恩的人如何待人處世。

箴言是「人生道路應該遵守的智慧格言」，也許對於人生觀的形成有所幫助。這裡列出幾句格言如下：

「敬畏耶和華，是智慧的開端。」（箴言第一章）——這是最有名的一句格言。

「行為純正的貧窮人，勝過於乖謬愚妄的富足人。」（箴言第十九章）

「遠離紛爭是人的尊崇；愚妄人都愛爭鬧。」（箴言第二十章）

這裡揭示了聖經的思想基本上是傾向和平（調和），接下來的這句也一樣。

「好生氣的人，不可與他結交；暴怒的人，不可與他來往。」（箴言第二十二章）

「不在寬闊的屋簷下，與爭吵的婦人同往。」（箴言第二十五章）

第四部分是所謂的「先知書」，以「以賽亞書」、「耶利米書」、「以西結書」、「但以理書」等四冊為代表。這些通稱為「大先知書」。

其中「以賽亞書」第五十三章出現了有關耶穌的預言。

「他無佳形美容；

我們看見他的時候，

聖經小百科　歷史書

「約書亞記」（Joshua）記載摩西的後繼者約書亞的生平；「士師記」（Judges）記載人民背叛造物主，經由士師拯救的故事；「路得記」（Ruth）記載寡婦路得的信仰；「撒母耳記」（Samuel）描寫掃羅和大衛的王朝時代；「列王紀」（Kings）、「歷代志」（Chronicles）記載從所羅門統治的時代一直到猶太人成為巴比倫的階下囚為止的歷史；「以斯拉記」（Ezra）、「尼希米記」（Nehemiah）和「以斯帖記」（Esther）傳述後來的以色列歷史。

也無美貌使我們羨慕他。
他被藐視，被人厭棄；
多受痛苦，常經憂患。」

此外，上有許多小先知書，例如：「哀歌」、「何西阿書」、「約珥書」、「阿摩司書」、「俄巴底亞書」、「約拿書」、「彌迦書」、「那鴻書」、「哈巴谷書」、「西番雅書」、「哈該書」、「撒迦利亞書」、「瑪拉基書」。

當然，不光這些是先知書。舊約聖經的全卷，都是先知將他接收的靈感記錄下來的文字，正確來說幾乎整本都是先知書。

另外，這些小先知書當中，有以歷史記述為體裁的，也有以詩歌的形態書寫的，一律都貼上「先知書」的標籤，一般以這樣的方式來區分，便於分類和討論。

新約聖經──耶穌的生涯及其思想的總和，預見未來

新約聖經總共有二十七卷，可以分成四個部分，記載著耶穌基督出現以後的事。

第一部分是「福音書」，它是耶穌的傳記，一共有四卷，包括「馬太福音」、「馬可福音」、「路加福音」、「約翰福音」。

聖經小百科　詩與智慧文學

「約伯記」（Job）探討義人受試煉最後蒙神得福；「詩篇」（Psalms）是人與神交通的紀錄，有讚美、祈禱、懺悔等內容以詩歌的形式寫成。「箴言」（Proverbs）講述智慧的生活，是猶太人流傳下來的格言；「傳道書」（Ecclesiastes）描述一個求道者應有的正確人生觀；「雅歌」（Song Solomon）則是讚頌人間男女的愛情。

舊約聖經的內容與架構

摩西五書

包括「創世記」、「出埃及記」、「利未記」、「民數記」和「申命記」等五卷文書

▶ 作者是摩西。他撰寫「造物主的命令」（即律法）。

歷史書

包括「約書亞記」、「士師記」、「路得記」、「撒母耳記1、2」、「列王紀1、2」、「歷代志1、2」、「以斯拉記」、「尼希米記」和「以斯帖記」等十二卷文書

▶ 從以色列民族遷徙到迦南地方定居開始，記載動亂的歷史。

詩歌智慧書

包含「約伯記」、「詩篇」、「箴言」、「傳道書」和「雅歌」等五卷文書

▶ 以詩歌的型態書寫下來。給予人們各式各樣的智慧的內容。

先知書

包括「以賽亞書」、「耶利米書」、「以西結書」、「但以理書」等十七卷文書

▶ 除了「大先知書」之外還有「哀歌」以及許多小先知書

第二部分是耶穌的門徒傳道、建立教會的紀錄。這部分只有「使徒行傳」一卷，作者是撰寫「路加福音」的路加。

第三部分是耶穌的門徒在進行傳道活動的過程所寫下的「書信」，裡頭詳細地說明了耶穌傳授的真理。包括「羅馬書」、「歌林多前書」、「加拉太書」、「以弗所書」、「腓立比書」、「歌羅西書」、「帖撒羅尼迦前書」、「帖撒羅尼迦後書」、「提摩太前書」、「提摩太後書」、「提多書」、「腓利門書」、「希伯來書」、「雅各書」、「彼得前書」、「彼得後書」、「約翰一書」、「約翰二書」、「約翰三書」、「猶大書」。這些全都是透過造物主的靈感引導寫下來的文字。

第四部分是「啟示」。據說是「約翰福音」的作者約翰將他從神那兒看見的異相用文字記錄下來，寫成了「約翰啟示錄」，簡稱為「啟示錄」。

雖然說是異相，主要卻是講「以後將會發生的事」。當然舊約裡的「但以理書」也包含了種種預言，而預示將來會發生的事最重要的還是「啟示錄」，其中以描述「最後的審判」終了，前往天堂所建的一切為壓卷之作。

聖經小百科　先知書

先知以賽亞活躍於西元前八世紀，而先知耶利米則是在西元前七至八世紀活動。當耶利米開始活躍後約三十年左右，先知以西節開始活躍。「但以理書」（Daniel）包含了世界末日的預言，一般習於和新約聖經中的「啟示錄」（The Revelation）合併解讀。

「我又看見一個新天新地；
因為先前的天地已經過去了，海也不再有了。
我又看見聖城新耶路撒冷由神那裡從天而降，
預備好了，就如新婦裝飾整齊，等候丈夫。
我聽見有大聲音從寶座出來說：
『看哪，神的帳幕在人間。他要與人同住，
他們要作他的子民。
神要親自與他們同在，作他們的神。
神要擦去他們一切眼淚；
不再有死亡，也不再有悲哀、哭號、疼痛，
因為以前的事都過去了，』」

——（啟示錄第二十一章一～四節）

從文體上和思想上的特徵，不難發現啟示錄的作者與先前福音及書信的作者約翰有很大的不同，所以也有人主張啟示錄的作者是另有其人。

但是，啟示錄是「經由神的啟示，見到了世界末日與最後的審判之異相所記載下來的」，是一種獨特的文體。而且，作者在書中也詳細記載晚年被放逐到愛情海的拔摩島（PATMOS）的過程（啟示錄第一章九節），所以文體產生變化是必然的。

聖經小百科　基督（Christ）

本來在希臘語裡「基督」的意思是「受膏油者」。古代的以色列王即位時必須將油倒在國王的頭上「象徵這是神用來拯救以色列人的王」，後來意思轉變成「人類的救世主」。

如果仔細讀過福音書，就會了解使徒約翰在眾門徒當中是最出類拔萃的一位，而且他相當了解並且洞察耶穌的想法。所以他是「耶穌最鍾愛的門徒」，耶穌死後，聖母瑪利亞的生活也委託他來照顧（參見約翰福音地時九章二十六、二十七節）。

像這樣能夠將神所啟示的異相如時地記錄下來的，除了約翰以外，福音的歷史上再也找不到第二位人選。所謂只有董的人才會明白，認真地講起來意謂著作者本人必定是一位相當洞察神的旨意的人。

而約翰，正是門徒之中最合乎人的心意的人。

聖經小百科　但以理書（Daniel）

西元前一八〇至六五年之間完成。該書第十二章記載著「……從有國以來直到此時，沒有這樣的。你本國的民中，凡名錄在冊上的，必得拯救」的預言。

新約聖經的內容與架構

福音書

「馬太福音」、「馬可福音」、「路加福音」、「約翰福音」等四卷文書。

▶ 四位作者分別記錄了耶穌的傳記。

使徒行傳

僅「使徒行傳」一卷文書。

▶ 作者為撰寫「路加福音」的路加。

書信

「羅馬書」、「歌林多前、後書」、「加拉太書」、「以弗所書」、「腓立比書」、「歌羅西書」、「帖撒羅尼迦前、後書」、「提摩太前書」、「提摩太後書」、「提多書」、「腓利門書」、「希伯來書」、「雅各書」、「彼得前、後書」、「約翰一書、二書、三書」、「猶大書」等。

▶ 是耶穌的門徒在進行傳到活動的過程所寫下的，大多是保羅所著。

啟示

僅「約翰的啟示錄」一卷。

▶ 使徒約翰經由神的啟示，見到了世界末日與最後的審判之意象所記錄的文字。

4 聖經是何時、由何人撰寫的？

現在，我的書桌上放了一本《聖經》。書看來相當厚。翻開聖經的目錄一看，就知道裡頭收錄了許多卷文書。若這樣讀下去，豈不昏倒？該從哪個部分開始看才好呢？

光是讀這些別人已經完成的作品，就不見得輕鬆，更何況是當初負責撰寫的作者，他們一定花費了幾十倍以上的力氣才完成這部鉅著吧！

到底這本書，是哪些人花費了多少時間完成的呢？隔天，我試著向他請教。

聖經花費了一千年以上的時間完成

舊約的作者是那些被稱作「先知」的人。舊約一開始的「創世記」中五卷文書的作者摩西，是西元前十三世紀左右的人；而最後的「瑪拉基書」作者瑪拉基據推測應為西元前四五〇年左右的人。

所以，舊約的寫作橫跨了一千年。舊約聖經寫作的地點以現今的中東地區為主。

新約的作者為耶穌的門徒及其追隨者、信徒們，他們都是生於西元一世紀的人。新約聖經寫作的地點，在今日的以色列至小亞細亞地區，最遠到義大利的羅馬。

在充滿苦難的時代背景下誕生了基督宗教

彼時耶穌主要活動範圍是以色列，它自西元前六三年以來就成為羅馬帝國的屬地。雖然當時有猶太人組成的民族政府實行政治，但羅馬政權又在其上建立了一個猶太政府來管轄當地的猶太人。

這樣的政治形態與第二次世界大戰後的日本很像。當時的政治，由日本組成政府，卻由美軍來接管成為真正的統治機關。

被佔領之下的猶太人民族政府不服從佔領軍的施政方針。在這樣的情況之下，獨立意願很強的猶太民族內心必然相當不滿。

特別是，猶太人有著「過去一直以來都是獨立建國的」。西元前一〇世紀，由大衛王所建立、由南方的十二個部族所建構的以色列王國，到了他的兒子所羅門王的時代，曾興建一巨大神殿，是王國的全盛時期。

聖經小百科　西元前、西元後

再英文裡西元前用 BC 來表示，西元後適用 AD 來表示；BC 是 Before Christ（意思是在基督之前）的縮寫，而 AD 則是拉丁文 Anno Dmini（我們活在主的時代）的縮寫。西元六世紀的神學家主張耶穌是生於羅馬建國七五四年，並且提案將這一年訂為西元元年，現在一般以耶穌生在西元前七至四年左右的說法最可信。

直到西元前六世紀，被新巴比倫王國尼布甲尼撒王所滅。後來又先後被波斯人、希臘人、羅馬人所統治，這個情況一直持續到耶穌出現的時代，大約經過了六百年。

以色列是一支重視歷史的民族，實現像大衛時代那樣的獨立王國，成為以色列民族的悲願。這幾乎可以說已經成為所有以色列人的共識了。

基於以上的情況，一群激進派的團體在此時出現了。他們就是所謂的「奮銳黨」，也叫做「Zealots（激進）派」。他們為了實現猶太民族獨立的目標，只要一逮到機會就發動革命。

在當時，奮銳黨有點類似日本的激進派，然而受歡迎的程度，則無法相提並論，在耶穌著名的十二位門徒當中，也有奮銳黨的黨員。聖經中就提到過「奮銳黨的西門」（參見馬可福音第三章十八節）。它當時很可能懷抱著「以耶穌為王，以實現獨立王國」的想法加入耶穌的佈道團。

猶太的民族政府向來採取「政教合一」體制，猶太教即當時的國教，執掌宗教儀式的領袖在政治上也具有相當大的權力。所以對於宗教上的不滿，等同於對政治上的不滿，反過來說，對於政治上的不滿，也連帶關係著對於宗教上的不滿。

在那樣的氣氛下，出現了許多個新的宗教團體。其中，有一個由「施洗者約翰」率領的「約翰教團」，也曾出現在聖經的記載裡。

所謂的新興宗教團，發軔之初特別地活躍。此外，其活動通常是反體制的，尤指那些過於激進的宗教團體。

聖經小百科　奮銳黨（Zealots）

按照希臘字的語源，Zealots 意旨「熱衷於律法的人」。西元六年為了以武力方式對抗當時的羅馬政權克列尼奧，加利利人猶大組織了奮銳黨。為了推翻外來政權的統治，他們不惜以暴力行動抗爭。直到西元七〇年，羅馬軍攻陷耶路撒冷、以色列王國為止，都一直以加利利為中心持續抗爭運動。

耶穌時代的政治形態

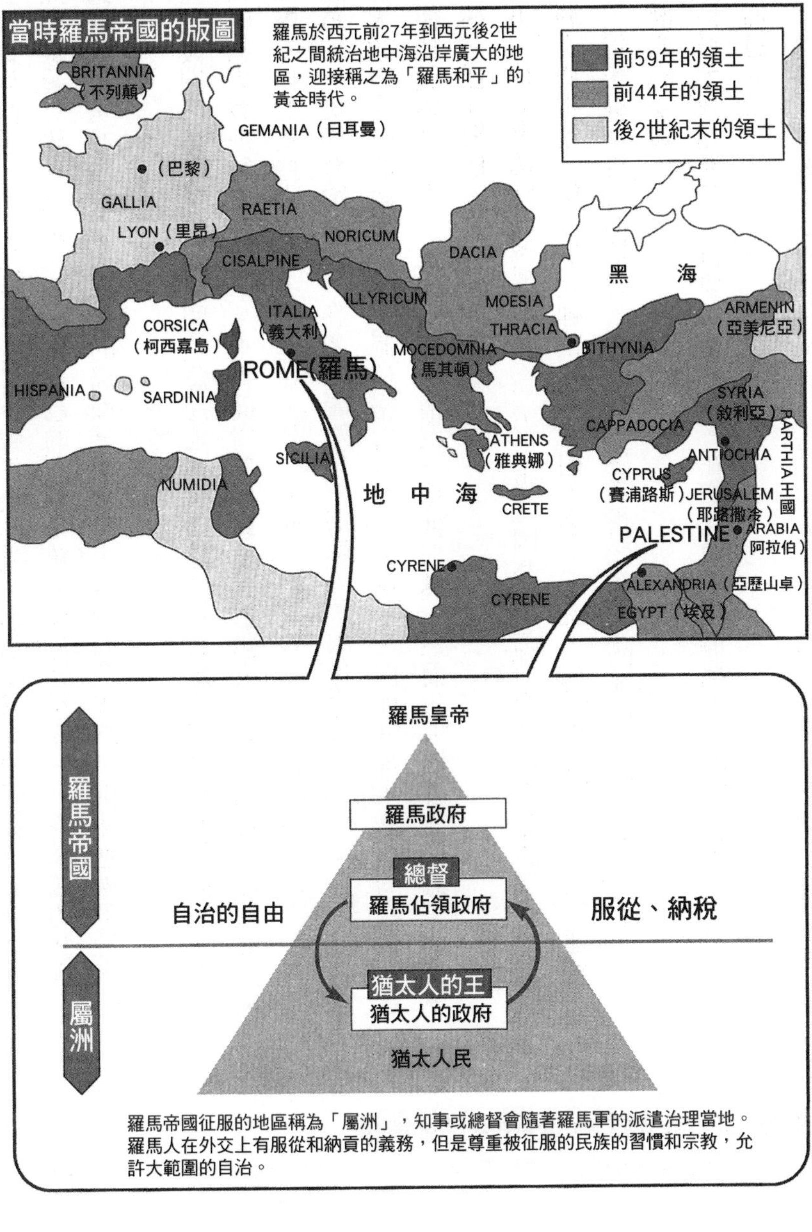

羅馬帝國征服的地區稱為「屬洲」，知事或總督會隨著羅馬軍的派遣治理當地。羅馬人在外交上有服從和納貢的義務，但是尊重被征服的民族的習慣和宗教，允許大範圍的自治。

對於民族政府而言，這些團體是招致災禍的人。因為反體制的活動一旦擴大，那麼必然會被羅馬政權認定「只好用自己的力量來統治以色列民族」。最極端的狀況，就是民族政府勢必面臨分崩離析的局面。事實上，西元七〇年時，果然應驗了這樣的推測。

在這段期間，耶穌的教團開始急速地成長。耶穌的教義強烈影響並促使原本被奉為國教的猶太教進行宗教改革。不管面對群眾或是面對猶太教宗教領袖，耶穌肆無忌憚地抨擊「你們這些人根本不懂聖經（舊約聖經）的內容」，於是開始以自己的方式來解讀舊約，彷彿奇蹟似的，許多人開始相信耶穌的解說是正確的。

猶大政教合一的政府開始差派秘密警察混入人群中，向耶穌提出嚴厲的質疑。希望能誘使他說錯話，在人民的默許的情況下逮捕耶穌。然而，耶穌應答如流，絲毫不讓對方握有任何把柄。

結果，他們無法強制搜捕耶穌。一方面也是因為他受到廣大民眾的擁戴。其背景，乃是由於人們相信：施行偉大神蹟的耶穌如果坐上王位，可以實現以色列獨立建國的理想——這是群眾衷心的期盼。因此若是沒有足以逮捕他的理由，就貿然拘捕他的話，會引起群眾的暴動。

但是猶太教團非常堅持要殺掉耶穌。在如此危險的情況下，耶穌依然持續了將近三年的佈道活動。

到了最後，耶穌身邊最親近的十二位門徒當中出現了一位背叛者，那就是著名

聖經小百科　施洗者約翰（St. John Baptist）

他預告造物主的國度即將到來，在約旦河畔為百姓施洗，教他們悔改認罪，耶穌也曾領受他的施洗。

「加略人猶大」的背叛。猶太教團利用他，掌握耶穌煽動群眾的情報以及耶穌會出現的場所，然後逮捕到耶穌。

他們將耶穌交給羅馬軍，處以十字架刑。「各各他的山丘」就是當時有名的刑場。

猶太教的宗教領袖對於引爆超人氣的耶穌充滿忌妒。但是，卻以維繫猶太人民政府的政權的名義，間接將他殺害。

這裡提及了有名的十字架刑。不過，對於耶穌被釘在十字架上的背景，一般人大概並不清楚吧！連羅馬軍或是猶太教團恐怕都沒聽說過，只知道耶穌是被當作是「邪惡的人」，所以才被處以釘在十字架的極刑。

然而，知道了事情的來龍去脈之後，才知道原來猶太教團居然作了這麼齷齪的事。人們或許會覺得他罪不致死，但當時並不像現在這樣有憲法保障信仰自由，所以事情才會演變成這樣吧。

基督教，首先「宿敵」猶太人之中普及

然而，即使將耶穌處刑，也無法徹底消滅耶穌教團。反而使耶穌信仰的影響範圍比他生前的時後更形擴大。

由於門徒見證了「耶穌的復活」，於是開始四處傳講耶穌的教義。雖然遭受猶太教的領導者迫害，但是他們始終把耶穌所說的話當作真理，他們深信，即使自身的肉體消滅了，但是靈魂卻有永恆的生命。

根據聖經上的話，「造物主的靈即聖靈進入他們的內在」，諸如這般的神蹟都相當靈驗，他們不僅深信聖靈住在他們心中，也因為見證了耶穌的復活、以及他神奇地醫治了眾人的疾病等奇蹟，證明了耶穌的教誨即是真理。這部分因為牽涉到進一步的教義，所以我們會放在後面進行更詳細的說明。

總之，耶穌的教誨傳播得愈廣，猶太教的領導者就更加地迫害耶穌的門徒，甚至殺害了其中的關鍵人物。更妙的是，這時後在耶穌教團的領導者之中，也開始出現殉教者。

然而，門徒依舊滿懷欣喜地對外傳教，並且成功地吸收了更多的信徒。甚至在一天之中，有三千人加入成為信徒，漸漸地，耶穌的教會也影響到猶太人。

聖經小百科　耶穌的復活 Easter

耶穌被釘在十字架上三日後復活，曾多次在他的門徒前面顯現，這段敘述在聖經當中有詳細的記載。

基督宗教的誕生和初期的歷史

西元前

十三世紀前半 ▶ **在迦南定居**

在埃及被強迫過著奴役生活得以色列民族被摩西救出來，帶領他們前往神所應許之地迦南。

十世紀前半 ▶ **建立統一王國**

西元前十一世紀末，撒母耳被選為先知制定王制，並且協助大衛王建立統一王國。其子所羅門王在未得時候，是以色列王國的全盛時期，在他死後，分裂成為南北兩國。

六世紀前半 ▶ **成為巴比倫之囚（以色列王國滅亡）**

被巴比倫王國滅掉的以色列民族，被強制遷徙到巴比倫定居。約五十年後，才允許其返回故鄉，而後巴比倫又統治了波斯和希臘諸國。

六十三年 ▶ **被羅馬帝國統治**

強大的羅馬勢力開始延伸至地中海一帶。

四至七年 ▶ **耶穌誕生**

（舊約聖經的時代）

盼望救世主的到來

西元後

三十年左右 ▶ **耶穌被釘在十字架受死**

經由他的門徒向外傳播基督宗教，不僅在以色列民族之間傳播，甚至也傳遍羅馬帝國所有的領土。

六十四年 ▶ **遭受羅馬皇帝尼祿的迫害**

暴君尼祿將喪失政權以及羅馬城的大火都歸咎於基督徒，因此許多基督徒遭到殺害，使徒彼德與保羅也在這次事件中殉職。後來，大部分的羅馬皇帝都以「拒絕參拜皇帝」為理由繼續迫害基督徒。

六十六年 ▶ **猶太人反動**

以奮銳黨為衷心武裝起義，他們以暴力對抗羅馬的統治。

七十年 ▶ **耶路撒冷淪陷**

反叛行動遭到鎮壓，以色列民族政府徹底瓦解。

★**猶大的親吻與被捕**

耶穌在克尼瑪尼做完禱告，背叛的門徒猶大率領眾人和士兵前來，以親吻為記號，讓那些人認出誰是耶穌並加以逮捕。

★**審問與鞭笞**

猶太教的大祭司們將耶穌帶致最高法院進行審問，並交由羅馬提督彼拉多處置。然後將耶穌交給眾人鞭打，將荊棘編成的冠冕帶在他的頭上。

★**前往各各他的路上**

從彼拉多的住處到前往各各他山丘的路上，耶穌背著十字架行走。

★**磔刑**

從正午到申初（也就是從中午十二點到下午三點），天突然暗了下來。這時候在聖母瑪利亞以及使徒約翰的看守下，耶穌在十字架上氣絕身亡，聖殿裡的幔子從上到下裂成兩半。

★**埋葬**

有一位來自亞利馬太城的義人（他是猶太議會的議員）前來領取耶穌的遺體後，與一位相當了解耶穌的猶太導師尼哥底母、聖母瑪利亞、以即使徒約翰相會，把耶穌埋葬在各各他山丘下。

復活與升天

★**復活**

三天後，抹大拉的馬利亞在耶穌墳墓前哭泣，這時候耶穌突然顯在眾人面前，於是所有的人都討論著耶穌復活的奇蹟。

★**以馬忤斯的晚餐**

兩位門徒在行經以馬忤斯村落的途中遇到耶穌，並與其共進晚餐。

★**升天**

耶穌復活後的第四十天，在眾門徒的注視下，於橄欖山昇天。

當時耶路撒冷市街圖

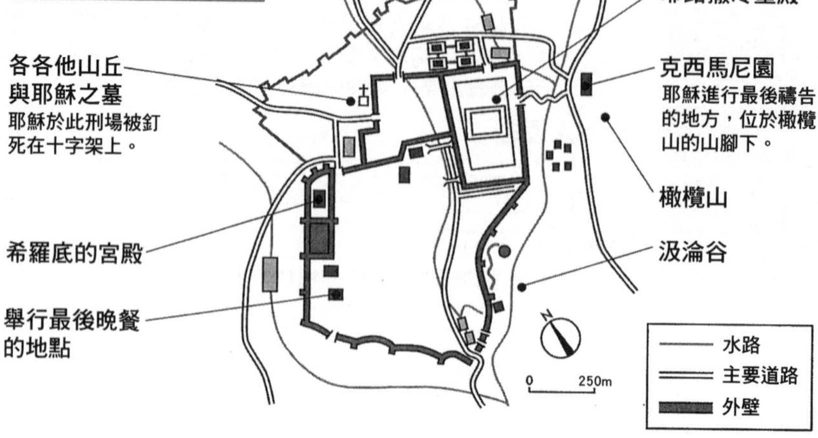

耶穌的生平

受孕通知

大天使加百列（Gabriel）拜訪拿撒勒童貞女瑪利亞，告知他將會由聖靈感孕。

耶穌降生

★降臨（聖誕）

瑪利亞與其未婚夫約瑟夫返回伯利恆，卻意外地在馬廄中生下耶穌。

★牧羊人朝拜

當天晚上天使在牧羊人的面前顯現，告知「救世主降臨」的消息。牧羊人都覺得不可思議，紛紛前往馬廄朝拜耶穌。

★東方三博士朝拜

因為看到夜空出現新星，知道猶太王降生，於是東方的三位天文博士千里迢迢跟著星光的引導，來到小屋向耶穌朝拜。

幼年期

★逃亡到埃及

希律王得知救世主的出現很可能對其統治產生威脅，準備要對耶穌下毒手，為了避禍，天使只指示其雙親帶著耶穌連夜逃至埃及。後來，希律王位了消滅「猶太人的王」以斬草除根永絕後患，於是殺盡了全城所有兩歲以下的男孩。

受洗與傳道

★施洗約翰的見證

成年以後，耶穌在約旦河接受施洗者約翰的洗禮。

★魔鬼的試探

耶穌被聖靈引導至曠野，在四十天斷食的磨練當中，接受魔鬼的諸多探視。

★福音的傳播

到各地走透透宣揚福音，醫治病患，施行無數的神蹟。

★耶穌的變貌

為了祈求上帝的祝福，耶穌帶領弟子登山，在那兒耶穌顯現榮光，他的門徒親眼目睹先知摩西和耶利亞與耶穌對談。

受難與十字架

★進入耶路撒冷

在民眾的歡呼聲中，耶穌帶領門徒進入耶路撒冷，開始宣教。

★最後的晚餐

耶穌得知自己將要受難，於是在踰越節的晚上和十二門徒一同進餐，並預言其中將有一人會背叛自己。

★客西馬尼的祈禱

晚餐後，耶穌來到橄欖山的客西馬尼園，向上帝祈禱，尋求造物主的旨意。

激烈的迫害之下，保羅在羅馬帝國境內傳道

耶穌曾經吩咐門徒將他的教義「傳遍地極」，不只是要傳給自認為是「造物主的選民」的人以及猶太人，而是要「傳給全人類！」

猶太人以外的民族在《聖經》裡頭叫做「外邦人」。保羅體察耶穌旨意，很積極地將教義傳給外邦人，他是個虔誠信仰耶穌的門徒，也是《聖經》中的重要代表人物。雖然並非耶穌的嫡傳弟子，但是在耶穌死後，卻大力地推行宣教活動。

保羅是生長在希臘的猶太人，擁有羅馬市民權。所謂的羅馬地國，是皇帝統治的「古代國家」，確實行法治社會，反而比較傾向於近代國家的體制。

保羅一開始原本是執行被奉為國教的猶太律法的警察。他認為耶穌是邪魔歪道，所以搜捕耶穌教團的信徒將之入獄，甚至將他們迫害致死。

派害行動績效卓越的他，有一回在前往大馬士革搜捕基督教徒途中，遇見復活的耶穌顯現在他面前，突如其來的強烈光線讓他雙目頓時失明。此時，他聽見耶穌的聲音：「你為什麼要逼迫我？」。

後來，保羅心眼開了，當他再次遇見基督徒的時候，他的態度有了一百八十度的轉變，並且自己改信成為基督徒。在新約聖經當中曾記載著「好像有鱗片從保羅的眼中剝落。」（使徒行傳地九章十七～十八節）

聖經小百科　猶太律法的警察

保羅當初原本是個虔誠的猶太教徒。當耶穌門徒之中首位殉教者司提反被殺害的時候，保羅也是刑刑的執法人之一。

耶穌時代的巴勒斯坦

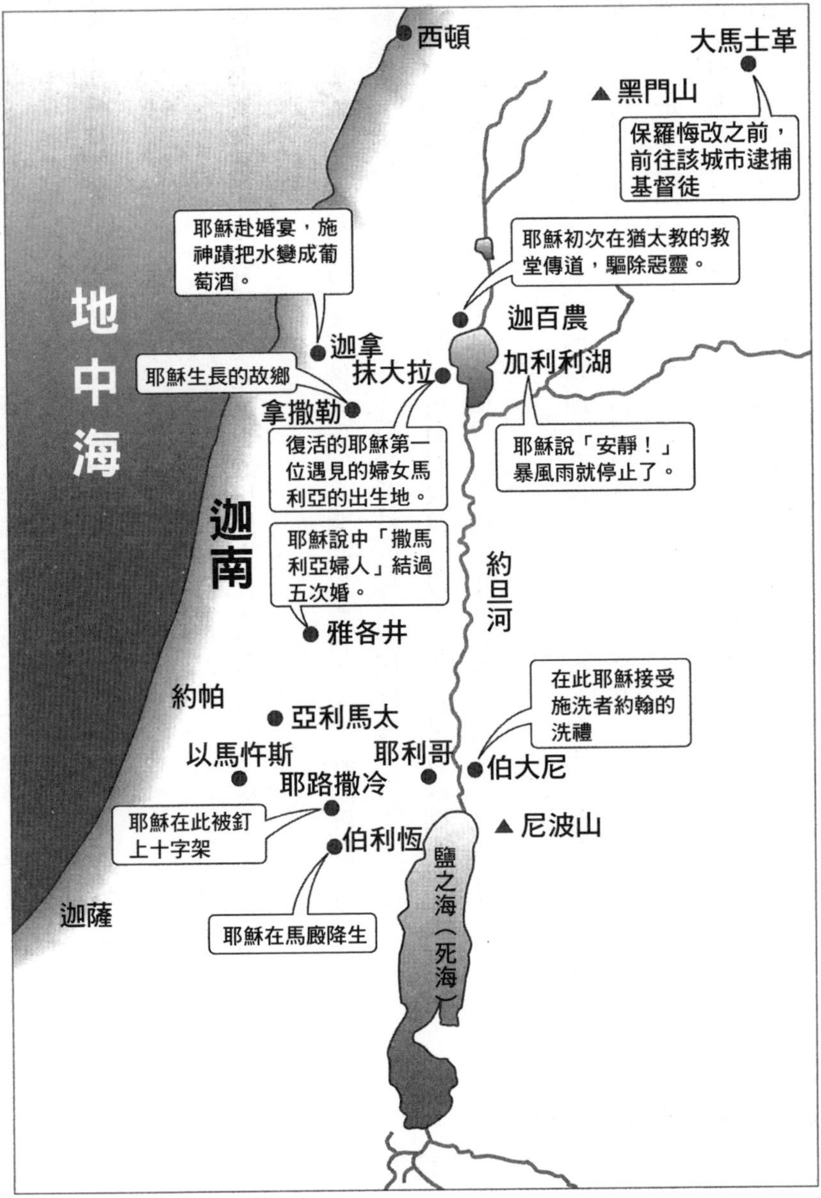
西頓
大馬士革
黑門山
保羅悔改之前，前往該城市逮捕基督徒
耶穌赴婚宴，施神蹟把水變成葡萄酒。
耶穌初次在猶太教的教堂傳道，驅除惡靈。
地中海
迦百農
迦拿
加利利湖
耶穌生長的故鄉
抹大拉
拿撒勒
復活的耶穌第一位遇見的婦女馬利亞的出生地。
耶穌說「安靜！」暴風雨就停止了。
迦南
耶穌說中「撒馬利亞婦人」結過五次婚。
約旦河
雅各井
在此耶穌接受施洗者約翰的洗禮
約帕
亞利馬太
以馬忤斯
耶利哥
伯大尼
耶路撒冷
耶穌在此被釘上十字架
尼波山
伯利恆
鹽之海（死海）
迦薩
耶穌在馬廄降生

「亞拿尼就去了，進入那家，把手按在掃羅身上，說：兄弟掃羅，在你來的路上向你顯現的主，就是耶穌，打發我來，叫你能看見，又被聖靈充滿。掃羅的眼睛上，好像有鱗片立刻掉下來，他就能看見。於是起來受了洗。」（使徒行傳第九章十七～十八節）

「好像有鱗片從眼中剝落」這句話也適用於今日，怎麼說呢？接下來的故事會告訴各位。

不論怎麼說，保羅就像是變了個人似的，開始對於猶太人以外的民族（外邦人）熱烈地傳道。在耶穌死後約三十年間，基督徒終於遍布整個羅馬帝國的領土。

所有的宗教都從未有過如此驚人的傳播速度。即使在今日宗教信仰的自由已經普遍獲得承認的社會之中，以日本的創價學會為例，從創立至今三十年來的普及度也遠不及保羅的速度。

新約聖經當中收錄保羅為了傳道所寫的書信。他的書信在當初，是傳道與教育信徒的「唯一教科書」。在作為耶穌傳記的福音書之後完成的。

保羅悔改是在西元三十七年，傳道是在西元四十一年至六十五年間。後來在羅馬殉教。而耶穌被釘死在十字架上，大約是西元三十年的時候。

從迫害者的角色搖身一變成為負有使命的傳道者——這個故事當然是真的，不過相當戲劇性。感覺像是脫胎換骨似的，或許會有人這麼想吧！

聖經小百科　外邦人（Gentiles）

猶太人認為自己是上帝的「選民」，稱其他民族為「外邦人」。猶太人的法律明令禁止外國人進入或訪問他們的領土，但是使徒們卻遵從耶穌的命令，積極地向外邦人傳道。（譯者注：另外，拜偶像之人、非猶太人、不信基督耶穌為救主之人，以及未受教導所以不懂《聖經》的人，泛稱外邦人。）

不過，正因為保羅所寫的書信一開始就被當作教材，由此可知他是個很有智慧的人。即使如此，我還是不明白為什麼他會有這樣的轉變，但這不是重點。或許偉大的人物都是具有多面性格的複合體，好像有誰曾經這麼說過……。

我們暫時休息了一下。接下來，他要教導我關於「福音書」的部分。

《聖經》的神髓：四福音書內容到底是什麼？

保羅透過「書信」為我們解說了許多事，如果說要作為傳教的核心教材，一定要談到作為耶穌生平傳記的「福音書」。因為它記錄了耶穌所說過的話語。

耶穌的言談行動，首先是透過嫡傳弟子、也就是十二使徒口耳相傳。他們因為有機會直接和耶穌接觸，所以對於其教義有深切的體會和領悟。

然而，接下來新一批的信徒們不認識耶穌，只能從使徒所說的話來理解教義。如此一來，應該會比嫡傳弟子們對於「理解」這件事感到漠不關心。

但是，關於基督教義的知識，究竟是以什麼樣的方式代代相傳的呢？可是過了這麼久的時間，不僅教義的本質會變得越來越偏頗，而且內容也會愈來愈薄弱才對？所謂「盛極必衰是世間的常理」相信大家應該都有聽過吧！一般的情況的確會變成這樣。

奮銳黨的西門（Simon）

「奮銳黨」主要以武裝革命的方式爭取以色列民族的獨立，屬於激進派。當時西門很可能是抱持著「奉耶穌為王，實現獨立王國」的心態加入耶穌的佈道團。

西庇太的兒子雅各（James）

「那時希律王手下，苦害教會中幾個人。用刀殺了約翰的哥哥。」（使徒行傳第12章第1節）其中約翰的哥哥就是指雅各。

安德烈（Andrew）

彼得的弟弟。在成為門徒之前，和彼得一起在加利利的格尼撒勒湖上從事捕魚的工作，此外《聖經》上並沒有特別記載他的事蹟。

稅吏馬太（利未）

除了被視為「馬太福音」的作者外，《聖經》上並沒有特別記載其他事蹟。

巴多羅買（Bartholomew）、亞勒腓的兒子亞各（James）、達太（Thaddaeus）

《聖經》上沒有特別記載。

（注）猶大被逐出教會後，馬提亞加入了十二門徒。稱為「門徒」的人是耶穌的嫡傳弟子、耶穌復活之後的委任者。努力向諸國傳道的保羅雖然是在耶穌被釘死在十字架後，才成為信徒，但是因為他聽見了耶穌的聲音，成為耶穌的見證人，所以稱他為「門徒」。

耶穌的十二門徒

彼得（Peter）

在門徒之中相當於領袖人物，行動上有一定的節奏，是個充滿人情味的角色。耶穌曾指名，如果自己不在人世，由彼得來接替他成為教團的領袖。

約翰（John）

跟隨著彼得，他在十二門徒裡頭居於核心的地位。是最能理解耶穌的教義的人，在「約翰福音」裡頭，約翰寫下自己是「耶穌最鍾愛的弟子」。

加略人猶大（Judas）

意思就是「在加略出生的猶大」。在教團之中擔任會計，為了三十枚銀幣，他出賣了耶穌，猶大向猶太教祭司密告耶穌和少數幾位弟子出現的場所。根據「馬太福音」，後來猶大後悔而自殺了。

多馬（Thomas）

主耶穌復活以後，第一次向門徒顯現時，多馬不在場，別人告訴多馬時，多馬不願相信，說要「親自看到主耶穌釘痕的手和肋旁的槍傷，才肯相信」。當耶穌再次顯現時，他終於相信了。

腓利（Philip）

在耶穌昇天之後，行了無數的神蹟、在福音傳道方向頗活耀的人物。他跑到埃堤阿伯的高官那裡解說有關於舊約以賽亞書上所預言的關於耶穌的事，這段故事記載在使徒使徒行傳第 8 章 26 ～ 35 節。

然而耶穌教團內，很聰明地想到了一個對策來因應，那就是「將耶穌生平的傳記以文字記載的方式流傳給後世」。

新約聖經所收錄的四部福音書，全部都是耶穌的傳記。關於撰寫的時期眾說紛紜，以下是一般所推測的時間先後順序。

首先，在五〇年代是「馬可福音」，六〇年代是「路加福音」，同時其還有「馬太福音」，以及八五至九〇年代之間的「約翰福音」。

「馬可福音」（Mark）

馬可福音的內容，據說大部分是根據使徒彼得的見證所撰寫的。

彼得在耶穌教團的地位相當於領袖。一般推測他是在七〇帶中期受到迫害而殉教。由於馬可接觸到彼得的機會比較多，所以把他的話都忠實地記錄下來。

馬可是個很有趣的人，他是負責向「外邦人」（非猶太人）傳教的指導者，在保羅第一次傳道之旅時與他同行，由於被捲入打壓迫害的風暴之中，因無法承受地中海航行的艱辛折磨，途中獨自一人返回故鄉。但是，在保羅第二次傳道之旅時他又要求同行，這次卻被保羅所拒絕。

但是，他在傳記執筆這方面有著極大的貢獻。他所寫的福音書和其他幾部比較起來顯然是短了些，其他幾位執筆者也曾經請教過馬可關於撰寫的事，這也是理所當然。

聖經小百科　保羅的傳道之旅

他曾經三次在廣泛的區域進行傳道活動。特別是第二、第三次取道小亞細亞（即今日土耳其）橫跨歐洲，在希臘一帶傳講耶穌的教義。

另外，馬可福音將豐富的內容整合在一起，對於人們想要理解耶穌的話題，應當是派得上用場。

「路加福音」（Luke）

路加是醫生。他也是負責撰寫眾門徒得傳記——「使徒行傳」——的作者。「使徒行傳」承接在福音書之後，對於認識耶穌的教義有相當大的貢獻，據說原本使徒行傳是為了拿來當作「路加福音」的續篇。

他依據「馬克福音」的內容，以馬可追加的資料作為基礎，加上他親自訪談許多人得內容，撰寫成「路加福音」。

路加將耶穌誕生的實際情況，詳細取材後撰寫成篇。這是其他福音書所沒有的最大特徵。所以，慶祝耶穌誕生的耶誕節，是採用「路加福音」的內容做為定本的。

「馬太福音」（Mathew）

根據路加所寫的東西再加以採訪補述撰寫而成，其中有名的「登山寶訓」就是收錄在這部福音書中。「登山寶訓」是因為耶穌某次登山向門徒講道，因而命名。

「虛心的人有福了！因為天堂是他們的。」（馬太福音第五章三節）

聖經小百科　登山寶訓

也叫做「登山語錄」。收錄在「馬太福音」第 5-7 章，是耶穌名言錄。

「哀慟的人有福了！因為他們必得安慰。」（馬太福音第五章四節）

「為義受逼迫的人有福了！因為天堂是他們的。」（馬太福音第五章十節）

這幾節經文，是最廣為人知的。

舊約聖經和新約聖經「關於幸福的思考方式」有著關鍵性的差異。因此，舊約所說的幸福，並不是像「造物主所賜予的幸福」這句話的意思那樣。舊約的幸福指的是物質的、肉體的幸福。相對來說，新約的幸福指的是精神上的幸福，也可以說是靈魂的幸福。所以說「哀慟的人有福了」。一看到這裡，就能馬上理解所為的「有福了」原來指的是「靈魂的幸福」。

在《聖經》裡，造物主是「賜予幸福的存在」、惡魔則是「專門破壞幸福的存在」。也就是造物主親自將幸福賜給人們，帶給我們如此的印象。

但是在舊約當中，也有關於「物質的幸福」的描述。因此耶穌出現，告訴大家人是藉由肉體和靈魂成就的，「只有靈魂的幸福才是永遠的幸福」。

這部分在第二章關於耶穌的死與救贖的部分再來說明。

聖經小百科　義

被天堂認可的正當事情。在《聖經》中，「天之義」與「世間之義」是不同的兩個思想。耶穌則是具體地告訴我們什麼是「天之義」。

四部福音書

西元
三〇年左右

耶穌在十字架受難

西元
五〇年左右

馬克福音（Mark）

它最先寫好福音書，行文最簡潔。依據使徒彼得的見證，由馬可記錄而成。據說是因為馬可接觸到彼得的機會比較多的緣故。

西元
六〇年左右

路加福音（Luke）

作者是一位醫生。依據馬可追加的資料為基礎，加上他親自訪談許多人的內容撰寫而成。後來也記錄了使徒們活躍的過程「使徒行傳」，據說原本他打算將「使徒行傳」當作是路加福音的續篇。

西元
六〇年左右

馬太福音（Mathew）

以路加福音作為基礎，再加上馬太自己訪談的內容而完成。也收錄了有名的登山寶訓中的聖句，比方說「貧窮的人有福了……。」。在新約裡，馬太福音是最先被編列進去的。

西元
八十五至九〇年
左右

約翰福音

並不是像「共觀福音書」那樣，將眼見的是直接記錄下來，作者約翰是以神學的角度積極地取材撰寫這部獨立福音書。「依據這本福音，我相信耶穌是造物主之子，為了獲得永恆的生命。」是抱持著明確的目的有計畫地撰寫而成。

總之，這裡的「要告訴我們的」，以《聖經》的方式來說，就是「明白真理」。所以耶穌曾說過「我就是真理」。

耶穌最鍾愛的門徒的著作——約翰福音（John）

在新約聖經中，馬太福音是最先被編列進去的。後來才依據時間順序將馬可福音、路加福音以及約翰福音編排進來。為什麼會如此編排呢？將來試著回想一下，或許會覺得很有趣唷！

馬太福音、馬可福音、路加福音這三者也叫做「共觀福音書」。就好像不同報紙的記者依據他們看待事件的不同角度，採取「共同直觀第記錄下來」的方式所撰寫而成。

但是「約翰福音」並非採取這種方式。他是以神學的角度進入事件的內部，並積極地取材所獨立撰寫而成。

他自己在撰寫約翰福音的時候，曾說過：「依據這本福音，我相信耶穌是造物者之子，為了獲得永恆的生命。」（約翰福音第二十章三十一節）是抱持著明確的意圖而撰寫，因此作品獨樹一格。

他是耶穌嫡傳弟子當中，和彼得並列最貼近核心位置的人物。從耶穌開始宣教到結束，長期和耶穌共同生活。

所以，比方說「馬太福音」將多數的人的作為記錄下來，而約翰則是具體地只記錄一個人的事。他和事件的距離最近，所以知道的也最詳盡。

話又說回來，為什麼《聖經》會把尚未修正的「馬太福音」也編列進來，這就是《聖經》有意思的地方。因為要尊重這幾為原作者，所以將不同的紀錄都蒐集起來。

約翰是最了解耶穌的人，說他是極右派份子也行。他彼得更了解耶穌。他自己也在福音當中寫下自己是「耶穌最鍾愛的弟子」這番話。如果以教祖來譬喻，那麼約翰就是最能了解教祖心中在想些什麼的人物。

另外，約翰福音是讀了過去的三部福音之後進行執筆的。但是卻沒有照著之前的福音來寫，而是企圖以描繪耶穌真實的面貌才動筆著述。那時候他的夥伴彼得以及保羅都已殉教不在人世了。只有他活的最久。

我真的很喜歡約翰這個人。聽完了關於約翰的故事，不知道為什麼，就很自然地喜歡上他。

《聖經》的登場人物相當多，但是其中耶穌的門徒們好像是很特別的。他們的故事聽得愈多，就愈覺得每個人的個性都很有意思。

我急忙地跑回家，看來，今天要整理的筆記可多著呢！

聖經小百科　不同的福音所記述文字的差異

例如耶穌復活之後，最先遇到的人，「馬太福音」記載是「抹大拉的馬利亞」和另一位馬利亞，但是「約翰福音」卻只有記載一位馬利亞。應該是約翰所寫的才正確。不過如果問到「與耶穌相會」，兩部福音都記載著是朝著耶穌墳墓直奔而去的彼得他自己，這點並無二致。

新約聖經是一本以四部傳記（福音書）為核心著作。另外有門徒的活動紀錄（使徒行傳）、門徒所寫的書信，再加上約翰的啟示錄，所以周邊的資料相當完整。才能成為今日基督徒們所奉行的經典。

透過口耳相傳，總會隨著時間流傳出一些佳話或添加新的儀式。也因此，人們對於傳說的事物會抱持著不信任感。

但是，如果在創立之初就把創始的理念和內容確立下來的話，就可以區別出「狗尾續貂」和「本來的理念」之間有什麼不同。只要翻開原典，原本的理念就可以循環地加以重現。

如果沒有福音書的完成，或許基督徒就不會維持得這麼長久—經過了兩千年，依然能夠延續下去。如果它像是原創的卻又不像是原創的著作，那麼在人類發展史上有一天很有可能會消失。

從基督教團誕生的絕妙企業識別（CI）手法

透過福音書完成的這件事，我們不是可以學習到現代的 CI（Corporate Identity：包括確立企業、團體組織的結合理念，政策應該遵循的方向）的雛型嗎？茲整理如下。

首先，團體組織的 Identity（整合理念），時間一久就容易變質。要長期地維持下去，必須以某種形式加以確立。最適當的手段就靠「語言的暗示」。繪畫或音樂都是一種「語言的暗示」。

第二，基本理念通常用在集團創始者的人格特質中可以找到。

耶穌並沒有將真理以「公式」來教導信徒。而是像信徒們說：「我」就是真理、「我」就是道路。另外「教義集」也發揮了很大的功能，集團若想要將結合理念永續經營下去，必須要留下「創始人的傳記」，這是最有效的。

第三，傳記的版本愈多愈好。

創始人的傳記很難有定本。因為一個能創立一個組織集團的人物，對一般人而言是相當偉大的「巨人」。所以必然擁有複雜的多面性格。

或許光是一位傳記作家，所能掌握的範圍有限。所以可以找許多人盡可能地去蒐集資料，寫成傳記。把這些傳記集合起來應該就能表現出創始人總體的結合理念。

5 《聖經》為什麼花了二百年的時間進行編輯？

先前我們介紹了傳道時所使用的書信，這些書信又被後人當作是門徒的傳記。仔細思考，就能接受這樣的說法。

當時門徒把寄信也當作是傳道活動的一環，用言語無法說明白的事可以寫成書信。在信裡面詳述基督宗教的教義。然後，向信徒們宣讀這一類的書信，受到啟發的信徒們會抄寫下來學習，然後用在自己的傳道活動上。如此一來，就產生了許許多多的傳抄本吧！想像一下當時的狀況，於是又產生了一個疑問。

雖然信徒們最初是向保羅和耶穌的門徒學習，但是理論上，應該是人材輩出。這些人到後來又被任命為傳教士，如果他們也寫信，當然也會當作教材來書寫裡頭的內容，照道理來說應該是這樣子的。

在那之中，難道不會有門徒誤解了教義嗎？尤其在他們成長的過程中與新興教團混雜在一起的時候。我想，即使誤解了原始教義，也不足為奇吧！

這次，我想針對這個疑問進行探討。

為何有些福音書沒被納入《聖經》？

這樣的推測，我認為相對合理。因為耶穌的教誨最初是口耳相傳播的，後來才有文字的記載。

但是，當有些寫下的文書已經開始被當作正式教材的同時，各式各樣內容當中，有問題的文書也陸續出現。其時在現今保存下來的《聖經》文書之外，還有更多沒有被收錄進來的文書。

例如「克列美前書」、「以諾書」、「巴拿巴書」……。另外除了原本的新約聖經收錄的四部福音書之外，還有「彼得福音」、「多馬福音」。啟示錄的部分，也同樣在約翰所寫的啟示錄之外，據說也有「彼得的啟示錄」。

信徒們在各地學習包含這些次經在內的教材。當然，在他們各自所寫的文書當中，也創造出許多不同的手抄本，同時也會發生傳抄錯誤的情形，然後這些手抄本又被傳抄下去……。

手抄本當然會有些內容和原文並不相符。尤其在當時，基督教本身是以非法的地下活動進行傳教，最原始的版本究竟在哪裡也不知道。

聖經小百科　新約聖經沒有收錄的文書

被稱為「次經」（Apocrypha）或「偽經」（Pseudepigrapha）。

在這樣的狀況下，本來的教義裡就參雜了一些「混合的東西」，到最後連定義也弄得不清不楚，其實是很正常的。然而，基督教團體開始想辦法採取行動，以解決其內部的紛爭。為了避免使徒們把混雜著錯得離譜的記載文字傳出去，換句話說為了要達到「傳出去的只有正統的教義」之目標，就必須將所有的典籍編輯成「正典」，於是經歷了將近兩百年積極地推行這項運動。

異端與教徒之間長期的對抗

當基督教團在羅馬帝國進內部段遭受迫害的同時，正典的編輯作業也如火如荼地展開。當時，正逢促成這項運動的一大契機，那就是西元三一三年，基督宗教被羅馬帝國公開接納成為合法的宗教之一。

頒布這項法令的君士坦丁大帝對基督宗教另眼相看。從被激烈迫害的宗教，一百八十度大逆轉，受到國家權力的高度禮遇。

這個時候人類的集團反而容易出現問題。有些開始提倡和使徒們傳講的內容差異很大的「新教說」，甚至在教團內掀起了熱烈的討論。其中的代表，是主張「耶穌是『優秀人種』」的「耶穌人性說」。

在亞歷山卓擔任基督教司鐸的阿里烏 Arius（250A.D.-336A.D.）率領的「阿里烏教派」，提倡阿里烏主義（Arianism），也就是剛才所提到的「耶穌人性說」。他們

聖經小百科　君士坦丁大帝（Constantine）

他是羅馬帝國皇帝，在位期間從西元三〇六至三三七年。曾經在三一三年頒布米蘭詔書，承認基督教為合法且自由的宗教。其背景是基於政治的意圖，想要爭取廣大基督徒的支持。他並於三三〇年將羅馬帝國的首都從羅馬搬遷到拜占庭。將該地改名為君士坦丁堡。

的學說在當時盛極一時，甚至曾經把基督教團的勢力一分為二。

「耶穌是受造物（人類），在人類之中，他是最接近造物主的至高者，造物主也將他是為自己的兒子，他的意志和造物主的意志是一致的存在。」

後面會講到《聖經》裡「經由耶穌被釘死在十字架上，人類才得以開啟一扇通往未來以及天堂的門」的那段話，即所謂的「救贖」理論。這是《聖經》思想的一大支柱。

所謂的「耶穌人性說」理論上是不能成立的。「他是最接近造物主的至高者」當然理論上也不能成立。因此，這是關乎教團存續的大事件。

於是教團內部開始議論紛紛到底是出了什麼問題。如果是猶太教的話「早就把那個男的殺了」。於是從西元三一八年，教團開始針對阿里烏所提出的神學理論，陸陸續續展開神性與人性之間的辯論，稱為「阿里烏論戰」。

由於這個議題時在拖得太久了，君士坦丁大帝也認為「應當適可而止」，於是代表們在會堂上作出決議，決定在尼西亞（Nicea）召開大會議。並於西元三二五年舉行第一屆基督教公會議（尼西亞公會議）。

由於皇帝的奧援，會議廳裝潢得相當豪華，聚集了來自各地的教會長老，在那裡導引出「耶穌是受聖靈感孕而生的造物主之子」的結論。

同時，建立「尼西亞信經」，也就是東正教教會中所放置的「聖歌」封面裏收錄的「使徒信經」。

總之，阿里烏教派被公會議判定為異端，被教團驅逐。但是，這次的事件啟發教

聖經小百科　異端（heresy）

「異端」，就這個字在希臘文的意思是「黨派」，指一群興趣及信念相同的人聚集一起。初期教會「異端」則是只一些危害信仰基礎及教會合一的「教義」，或持守這種教義的「黨派」，向阿里烏教派後來被正統基督教派指為異端。

會應確立一個標準本的正典來判斷「何謂真正的教義？」。於是一連串制定正典的行動正式展開。後來，阿里烏教派則轉向日耳曼民族地區發展。

迦太基會議確立了「正典聖經」

後來經過長久持續的努力，終於在西元三六二年的「老底嘉公會議」將二十六卷文書納入正典。除了「約翰的啟示錄」之外，現今通行的新約聖經內其餘各卷皆已納入。西元三九二年的「希波公會議」中，將「啟示錄」納入新約聖經的定本，另外往後的五年當中，參加者又各自檢討，再次召開「迦太基公會議」進行最終的確認，更進一步納入猶太教的正典聖經（即舊約聖經），於是基督教的正典聖經正式確立，時值西元三九七年。

很多人都以為基督教以及猶太教的「正典」是用「思想」、「內容」為標準來篩選的，其時就幾次正典形成的會議結論來看，正典的選擇標準主要在於「作者是誰？」，並非「思想為何？」。判定正典的標準，在舊約是「作者是否是先知」，在新約則是「作者是否有使徒的權威」。此後，完成的聖經正典有「新約聖經」二十七卷、「舊約聖經」四十四卷，合計七十一卷。這就是現在天主教所使用的《聖經》定本。

直到十六世紀馬丁路德提倡宗教改革，他重新檢討《聖經》，決定從舊約聖經中抽掉五卷文書。這個版本就是後來基督（新）教一直沿用至今的《聖經》定本。

聖經小百科　馬丁路德 Martin Luther（1483~1546A.D.）

德意志的宗教改革者。一五一七年，抗議教會販售贖罪券，並且針對羅馬教廷公開發表「九十五條抗議書」，使得宗教改革運動如火如荼地展開。他提出最有力的論點是「基督教的最終權威是《聖經》而非教皇」，於一五二二年將《聖經》翻譯成德文出版。

《聖經》發展至今日的歷程

西元六四年	**遭受羅馬皇帝尼錄的迫害**
西元三〇三年	**遭受羅馬皇帝蒂歐克萊奇亞諾的迫害** ☞固守傳統詩行大迫害，後來因失敗而退位。
西元三一三年	**頒布米蘭赦令** ☞君士坦丁大帝公開許可基督教為羅馬的合法的宗教之一。
西元三一八年	**第一階段阿里烏論戰**
西元三二五年	**尼西亞公會議** ☞君士坦丁大帝召集基督教教會舉行最早的公會議達成「耶穌是造物主之子」的結論 → 尼西亞信經成立
西元三六二年	**老底嘉公會議** ☞將二十六卷文書納入正典，但「約翰的啟示錄」除外。
西元三九二年	**希波公會議** ☞將「約翰的啟示錄」納入新約聖經之中。 → 正典聖經成立
西元三九七年	**迦太基公會議** ☞進行最終的確認
十六世紀	**馬丁路德提倡宗教改革**

迫害（西元三〇三年）

公認教宗（西元三一三年至三二五年）

「阿門」與「南無阿彌陀佛」有什麼不同？

尼西亞公會議所採用的「使徒信經」又名「公禱書」，全文如下：

我信上帝，即全能之聖父，創造天地之主。
我信其獨生之聖子，我主耶穌基督；
我信耶穌為受聖靈感動之童貞女馬利亞所生；
我信耶穌在本丟彼拉多手下遇難，
被釘十字架，死而埋葬，降至陰間，
第三日從死復活，升天，
坐於全能之上帝聖父之右；
後必自彼處降臨，審判生人死人。
我信聖靈；我信聖而公之教會；
我信諸聖相通功；我信赦罪之恩；
我信身死後
必復活；我信永生。
阿門。

正統基督宗教的教義，至少必須接觸的最基本的理念，都寫在使徒信經當中。

最後的「阿門」是結束禱告時的用語，意即「是的，但願如此」、「就是這樣」。這個字（Amen）是由希伯萊文的「信實」、「可靠」演變而來。我們經常把它解讀成西洋的「南無阿彌陀佛」，其實是錯得離譜。

「南無阿彌陀佛」的意思是「皈依（南無）了悟永遠的存在（阿彌陀）的釋迦摩尼（佛）。」而「阿門」是「《聖經》的話語進入我們心中時所發出的感嘆語」。因為所謂的基督宗教是「信奉造物主所說的一切」的宗教。

| 第 2 章 |

透過耶穌得到「救贖」的原理

1 人是由肉體與靈魂組成

大致上，我已經了解《聖經》是怎麼樣的一本書了。從今天開始，就要進入「《聖經》到底在講什麼？」的階段了。

我快步前往他的住處。

肉體消滅了，但靈魂永遠存在

《聖經》上到底在講什麼？我們知道，《聖經》上其實講了各式各樣的事，但是對我們來說，最關心的仍是有關於人的部分吧？

但是，在進入《聖經》的故事前，還有一件事必須了解——「人是由肉體與靈魂所造」，是《聖經》一貫的大前提。

對於現代人來說，人是由肉體所組成的，這已經是一般的常識。

當然，我們很容易將靈魂、幽靈等同掛在嘴邊，想像它很輕盈。相對於肉體，我們的確是這樣以為。

然而，在《聖經》中「肉體和靈魂是並存的」，在這個大前提下，又衍生出「靈魂傾向於本質的」的思維。

經過百年，肉體必然會走向死亡，但是靈魂卻能從肉體中逸脫，永遠地存續下去；這成為《聖經》一貫的思想。

死後，人的「意識」會變成什麼？

還有，《聖經》上認為「人類的『意識本體』也存在於靈裡面」。那麼，我們的意識會變成怎樣呢？

剛才不是說即使肉體消滅了，靈魂也可以永續下去嗎？這麼說來，一個人即使肉體消滅了，「意識也會永存」，就是這個道理。

講得更白話一點，就是「即使死了，我們的意識也不會消失」。

各位不妨稍微想像一下，或許會覺得很有趣。

人或許會想「如果自己的生命可以一直延續下去，那該有多好」。但是，我們「肉體的生命」遲早都會結束的。因此，人常會感嘆世間無常。

反過來說，人覺得很痛苦時，心裡總會想「早點結束生命比較好」。

像這樣，對於自己的生命，經常在「存續」與「終結」之間搖擺。對於所謂「自我的存在」，關乎最基礎的部分的希望卻處於不確定的狀態。

所以，如果希望一件事情能夠延續個幾十年、甚至幾百年，是很難的。基本上，必須根據當時的狀況來考量。也就是我們常講的要懂得「隨機應變」。

但是，如果像《聖經》所說的，即使死了，意識仍會存續下去的話，也不就會那麼輕易去自殺了。因為以為死了就一了百了，然後去自殺，反而變得更加痛苦……。

所謂靈魂，猶如人的潛意識

此外還有一個大前提。

肉體基本上是以靈魂為基礎，才能在活著的時候產生意識。

「人的外在意識是由潛在意識來決定的」，這樣的觀念大概是佛洛伊德最先想到的吧！靈的意識，其實就相當於潛在意識。

正如「靈即是本質」的思想。如果不去排斥這樣的想法，那麼就可以將耶穌的教義解釋成「現世的處世教訓」或是「道德論」一般的自然。當然耶穌並不是要教導我們這些，就暫且當作是如此吧！

預先將我們人生觀盡可能和這種感覺融合在一起，試著這樣做做看。

我想像自己的身體和靈魂重合在一起的狀態，在概念還沒具體成形以前，我試著

人是由肉體與靈魂所組成

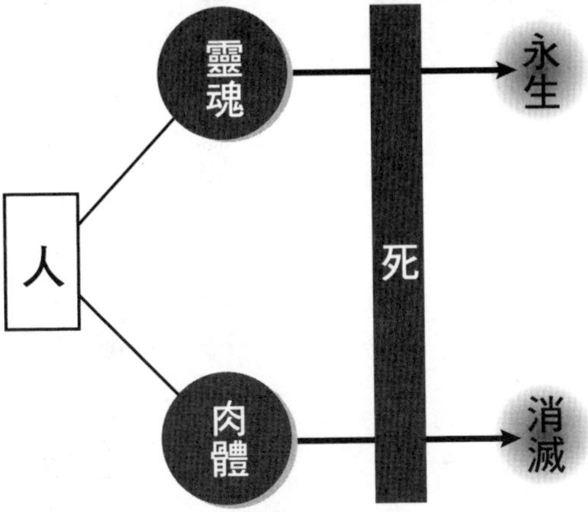

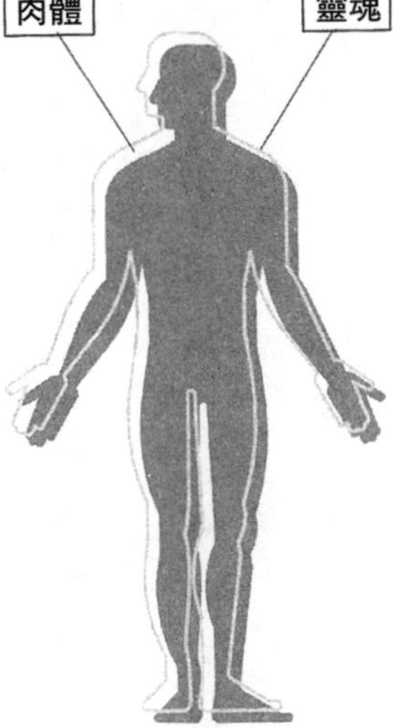

靈魂從肉體中抽離後，人就會死亡
（靈魂回到肉體就能復活）

就好像在林間流動的霧一般，靈魂滲入肉體的原子與分子之間。

死
永生
消滅

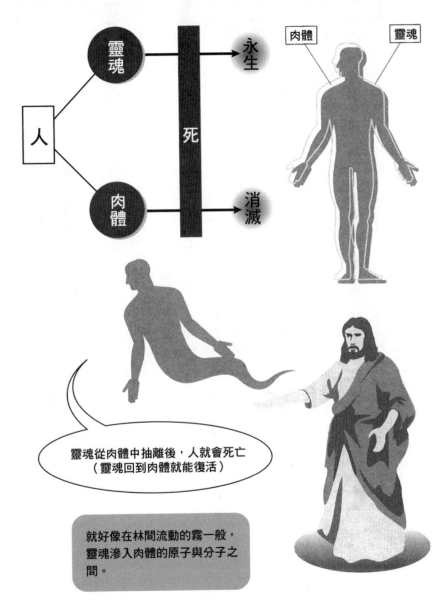

反覆想像了好幾次。

這樣一來，比想像造物主和受造物主並存的狀態還能來得輕鬆容易。

小時候，你應該聽過靈魂或是死後的魂會往哪裡去的故事吧？

靈魂的外觀和尺寸為何？

在這個階段，你已經可以想像「靈魂」大概是什麼樣子。

靈魂是看不見的。為了理解它，我們有必要藉由物理的東西來幫助各位想像。比方說，我們將所謂的「靈魂」想像成是由比架構肉體的原子或中子小幾萬倍的超微粒子所組成的。實際上，從事靈魂現象研究中心的心靈科學會，提出了將靈魂稱為「心靈粒子」的理論。

另一方面，既然肉體是由原子、分子等級的元素所組成，那麼我們可以想像這些原子和分子組成的模樣，是不是在它們之中也會有許多空隙。就物理的角度來看，人體的組成確實是如此粗疏的。

那麼，可以試著想像，肉體與靈魂之間的關係，就好像森林裡瀰漫的霧氣。霧氣會在森林的樹木之間滲透、流動。《聖經》上也說靈魂能夠在肉體中進進出出。因此我們可以把靈魂的形狀想成和肉體的大小一致。只是它像霧一樣柔軟且伸縮自如。

注入靈魂，死者也能起死回生？

《聖經》主張「肉體是藉由注入靈魂得以存活」。

如果沒有像靈魂一樣的霧，就無法在肉體的森林裡循環運動。所以說，如果靈魂離開之後不再回歸肉體，那麼肉身就等於是死去了一樣。

比方說，耶穌在十字架上受死的畫面，如以下描述。

「耶穌嘗了那變成醋的葡萄酒，就說：『成了。』便低下頭，將靈魂交付給『神』了。（give up His spirit）」（約翰福音第十九章三十節）

「人們曉得女兒已死了，就嗤笑耶穌。
耶穌拉著他的手，呼叫說：『孩子，起來吧！』
他的靈魂便回來，他就立刻起來了。耶穌吩咐給他東西吃。」
——（路加福音第八章五十三～五十五節）

原來在《聖經》中，「靈魂」是這麼重要啊！

這天，我想起了初次造訪他家時，他對我說的這句話：「聖經的本質就是在闡述『靈界理論』，你一定也很想知道吧！」現在，我明白了。

2 《聖經》上的關鍵字「生命」有什麼涵義？

不認識「生命」，就無法理解《聖經》

在《聖經》中，認為「靈魂」是非常重要的，而「靈魂」必須有能量供給，其來源就是「生命」本身。

「生命」是理解《聖經》的關鍵字。沒有食物和水的供給，肉體就會失去活力。同樣的，若是靈魂缺少了生命供給能量，活力也會相對減退。

生命可說是「靈魂的能量」，有了這個概念以後，為了幫助各位理解，我們在這裡管它叫做「生命能量」。

可是，這能源到底在哪裡呢？其實是來自造物主所發出來的遍佈全宇宙的大能。

問題是，受造物的靈會不會吸收這樣的能量？如果把它吸收並儲存下來，就會成為生機蓬勃的「活靈」，如果缺乏了這樣的能量，就會變成有氣無力的「死靈」。

人就像是「充電電池」

若是這樣，原本人類，也就是受造物的靈魂，就像是「充電電池」一樣的概念。必須時時補充生命能量才能產生動力。

靈魂的電位，如果不經常充電，就會開始下降。靈魂如果進行意識活動，就會耗費能量，有時也會自然放電。

為了保持「活靈」的狀態，必須經常充飽電力。如果稍微有懈怠，充電不完全的話，就會慢慢變成「死靈」。

操縱靈魂命運的「生物能量法則」

可是，要如何才能變成充電的狀態呢？所以說「這個人的意識狀態，必須和造物主的意識互相協調。」便是《聖經》灌輸的思想。

它和「靈魂是意識的本體」的觀念息息相關，簡言之，造物主也是靈，所以擁有相呼應的意識存在。同時，從他那裡放射出無限的生命能量。

若是想讓造物主的能量滲透在自己的靈裡，必須維持與放射體之間協調的意識。如左圖所示。如果不協調的話，造物者的能量就無法滲透到自己的靈裡。

聖經小百科　死靈

因為《聖經》的思想主張「靈魂永遠不滅」，所以死靈並不是靈魂消滅了，而是缺乏生命能量，亦即「沒有活力的靈」。

生命靈魂的能量

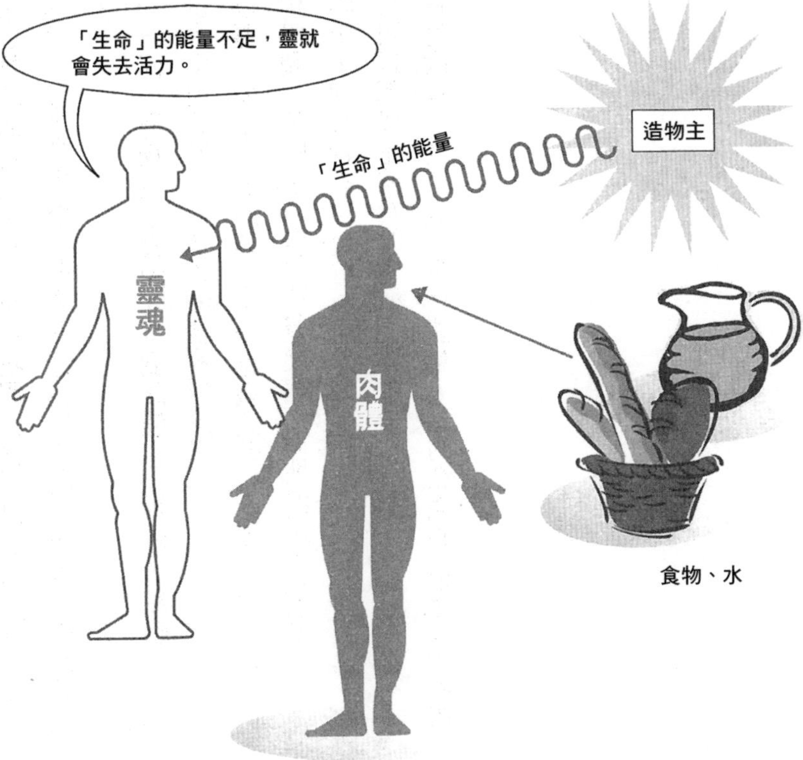

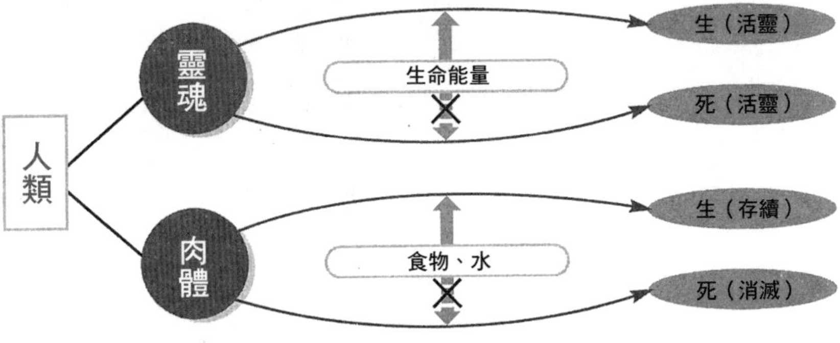

假使肉體缺少了食物和水，便會死去。同樣的，假使靈魂缺少了生命供給能量，就會變成死靈。

如果以物理的角度來看，現在我們已經明白了人類可以經由意識活動，放射出α波和β波，以及種種波形的腦波。所以人的靈魂也會因其意識狀態，產生相應的種種波動。

另一方面，造物主也會因其意識狀態產生相應的波動。而造物主放射出來的生命能量，也會出現波形，希望各位試著想像一下。

所以囉，如果人類的靈產生的意識波動和造物主的意識波動的頻率相似，就應該能夠互相協調。那時生命能量才會源源不絕地滲透到那個人的靈裡，形成這樣的概念。

實際上，理論物理學也有「所謂能量即是波動」的假說。依據這個假說，生命能量或許也可以想成是波動的一種。

不管怎麼樣，為了吸收生命能量，人的意識必須趨近於造物主的意識。

「生命能量」的充電系統

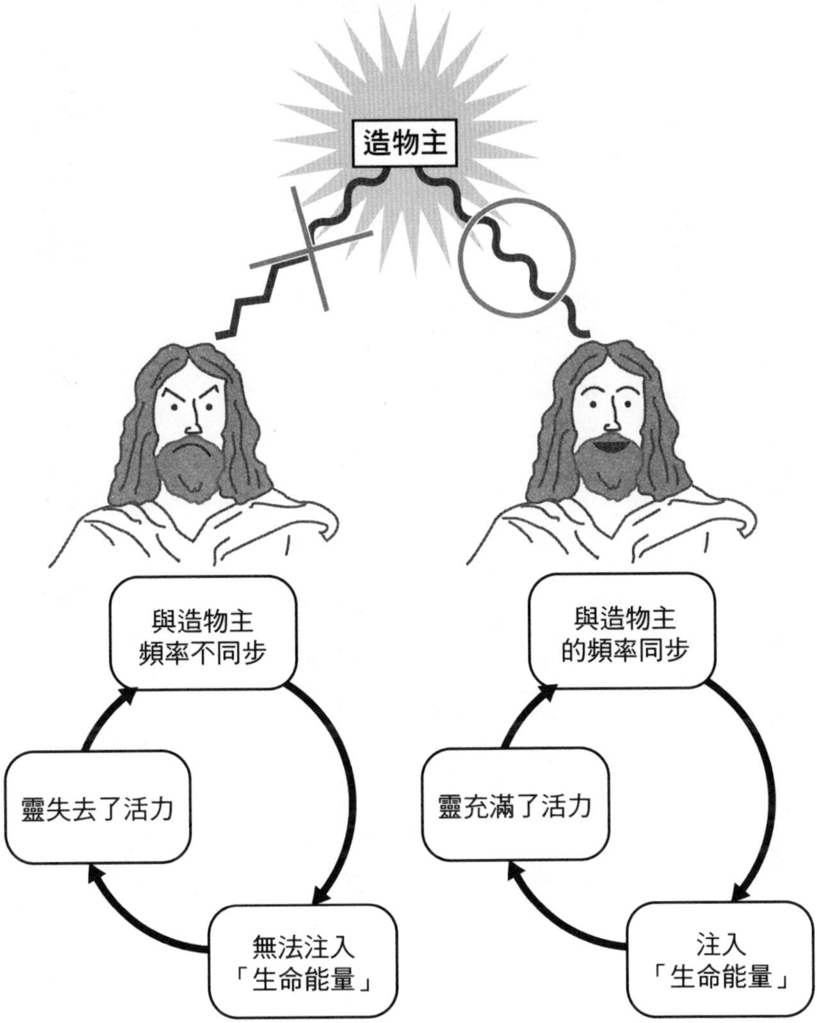

所謂注入「生命能量」的意思是

人類的意識波動與造物主的意識波動相互協調

3 基督教的「罪」有三種

他對我說，如果想要真正地了解《聖經》，就必須好好學習在這之前所接觸到的基礎知識。否則，就無法對《聖經》特有的用語——罪、耶穌、十字架的意涵，形成具體的概念。

我很努力地整理筆記，反覆讀了好多遍。我確實是記下了好多東西。而且在我反覆看了許多遍之後，想盡辦法消化它，似乎已經能夠理解其中的內容了。

當然，我不認為自己完全能接受。不過，我希望能夠成為信徒，雖然他說不一定要成為信徒，但是成為一個信徒，不是很好嗎？

《聖經》裡什麼被當作是「罪」？

《聖經》裡首先講到現今的人類，靈魂很難吸收「生命能量」。那是因為我們的意識違背了造物主的旨意、意識波動的頻率無法與造物主同步的緣故。如同前面所說明的，當意識不協調的時候，靈魂就會缺乏生命能量，就是這個道理。

持續欠缺生命能量的話，靈的內部「死」的領域就會增加。因此「生命」的相對就是「死亡」。所以《聖經》上這麼說：「因為變成了上述不協調的意識狀態，所以生命能量的充電過程會中斷，於是，靈魂就會朝向死的領域。」

意識（靈魂）如果變成那樣的狀態，在《聖經》上稱為「罪」，所以，「從罪而來的報應就是死」（羅馬書第六章二十三節）可以從這番話進行理解。

在這裡，不論「生命」也好、「死亡」也好，都和我們一般所使用的意思大不相同。不過，我明白了。如果自己獨自研究《聖經》鐵定會一頭霧水，但是有了這些知識作為基礎，《聖經》中許多不明白的地方便可以迎刃而解。

「罪」的三重結構

一談到「罪」，我們很容易聯想到法律上、道德上的事。比方說「因罪入獄」或者「你要是這麼做，就等於是犯罪了！」等等。

當然，法律上的罪或道德上的罪，和《聖經》所講的罪並不毫無關係。但這些都圍繞在其周邊的罪。

《聖經》裡所講的「罪」，其思考如左頁的圖示，它們形成了三重構造。位於其中心的是「原罪」。

何謂「原罪」？——亞當和夏娃偷嚐禁果犯了什麼罪？

所謂的「原罪」，是違背造物主的旨意，導致無法接收生命能量。如果發生了這種狀況，人類的靈魂便形成了生命能量「充電不完全」的狀態。

所以《聖經》認為，今日的人類都是處於充電不完全的狀態。但是最初卻不像現在這個樣子。

造物主起初給人類的祖先亞當建造了一個「充電完全狀態」的伊甸園。那時候，在伊甸園中央，生長了「生命樹」和「分別善惡的知識樹」，造物主這麼吩咐亞當（請注意這裡指的並不是蘋果樹喔！）——

「耶和華神吩咐他說：園中各樣樹上的果子，你可以隨意吃，指是分別善惡樹上的果子，你不可以吃，因為你吃的日子必定死！」

——（創世記第二章十六～十七節）

「罪」的三重結構

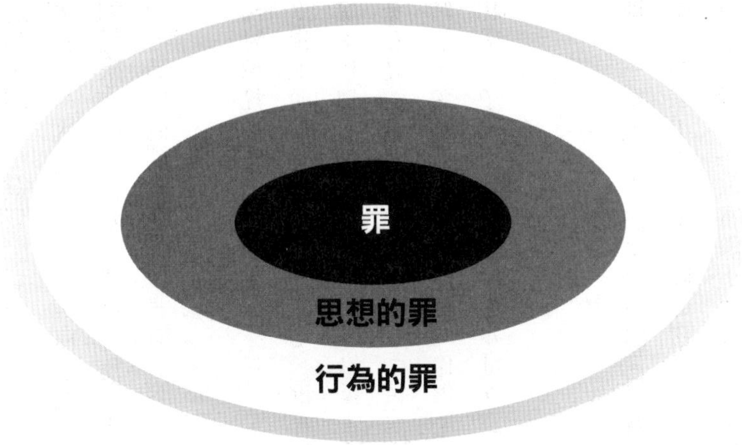

這個命令，與《聖經》的重要關鍵字之一「罪」關係非常密切。吃了果子之後，「自己就會擁有分別善惡的知識」。

本來，亞當與夏娃兩人並沒有想要摘善惡樹上的果子來吃，所以遇到善惡的判斷都會去詢問造物主，因此意識經常是向著造物主，和造物主的意識相互協調，才能接收啟示，就是這個道理。

為什麼所謂的善惡判斷，會成為人在決定要做什麼之前，意識運作的最終過程？

我們在決定要做什麼之，一定會衡量行為的後果，判別它是善或者是惡。後果若是好的話，我們就會去實行，後果若是不好的話就會放棄。

人們經常在生活中，頻繁地進行善惡的判斷，但是如果能接受造物主的啟示，就能夠「讓造物主的想法進駐」心中。

反過來說，「因為有了智慧，自己便能判別是非善惡」，所以將造物主從自我的意識中封閉起來。亞當和夏娃就是因為這麼做，所以才有了原罪。惡魔透過蛇的形像來誘惑夏娃，結果他們就吃了善惡樹上的禁果。

「女人對蛇說：

『園中樹上的果子，我們可以吃，惟有園當中那棵樹上的果子，神曾說：你們不可以吃，也不可以摸，免得你們死。』

蛇對女人說：

「你們不一定死；因為神知道，你們吃的日子眼睛就明亮了，你們便如神能知道善惡。」

——（創世記第三章二～五節）

在這裡，「女人」當然就是夏娃。惡魔是透過蛇的形像來達成他的目的。所以蛇會說吃了樹上的果子等於是「像造物主一樣，能夠辨別善惡」。

這其實是「謊言」。實際上，即使吃了果子，也不會像造物主一樣擁有辨別善惡的智慧。《聖經》上把「謊言」當作是惡魔的主要武器。

聖經小百科　惡魔（Devil）

又稱作「撒旦」（Satan）。為了對抗造物主而存在。相對於造物主希望能給予人類幸福。惡魔則是極盡所能地阻饒、破壞。原本撒旦是統帥天使們的天使長，因背叛神而失去了天使的資格變成撒旦（撒旦的形象，猶如西遊記裡的牛魔王，頭上通常有一對牛角，還有一個箭頭形的尾巴。專門引誘人類犯罪、偏離正題）。

然而，夏娃卻相信謊言而偷嚐禁果，因為他們兩人並不知道什麼是邪惡，而亞當又接著嚐了禁果。

「於是女人見那棵樹的果子好作食物，也悅人的眼目，且是可喜愛的，能使人有智慧，就摘下果子來吃了，又給他丈夫，他丈夫也吃了。」

——（創世記三章六節）

從此之後，兩人便想像自己與造物主處於同等地位。但是他們仍舊是運用自己的方法來判別善惡。

這就是「原罪」。人類最初犯下的罪。

因為犯下了原罪，兩人被逐出伊甸園，跑到了充滿苦難的荒野。這就是《聖經》最初的故事。

讓我們再複習一下，如果不能明白「生命能量波動」的說法，就會以淺薄的道德論來解釋這段經文，這樣是不行的。

如果善惡的判斷是由自己來決定的話，實質上，等於是放棄持續與造物主的旨意相通。這樣一來，就無法和造物主的意識波動頻率同步了。

其結果，造物主放射出來的「生命」能量，就無法和人類本身的意志波動共鳴，人類當然也就無法吸收到「生命」的能量。人的靈魂，就像是這種波動的「充電是乾電池」。

如果能量無法充電，那充電不完全的部分即是「罪」的開端。

何謂「思想的罪」？——原罪是萬惡之首

原罪其實是從「違背神的心意」這樣的核心衍生而成，其結構如同一顆果實，但是《聖經》接下來的道理，是在談包裹在第二層的「思想的罪」。

有了原罪，人的心中就會產生「好想殺了你」、「即使死掉也無所謂」的念頭，或是產生「想要偷別人的東西」之類作奸犯科的念頭。

從原罪衍生出「違背神的心意」的道理裡面，我們可以知道《聖經》主張「生命」是源自於造物主「神聖」的大能。進一步產生了「充滿了生命能量的靈魂，就可以創造出神聖的意識」這樣的思想。

在這種情況下，我們要如何說明什麼是「神聖的（holy）」意識呢？你可以試著在晴朗無比的清晨，在戶外深呼吸，感受一下那種「清爽的感覺」。以此類推，神聖的意識就跟這種感覺很像。

從缺乏生命能量的「死」的部分，形成了與「神聖意識」相對的「污穢的」意識。《聖經》裡主張「缺乏生命＝死＝污穢」這樣的思想。這裡的概念，不就像是這世上閃爍著許許多多充滿欲望的意識嗎？

不管怎麼說，總之原罪創造了「死」，那是由於「違背主的旨意」衍生出來的，就字面上的意思而言，神學上所謂的原罪（Original sin）也可以說是「罪之源」。

何謂「行為上的罪」？——摩西的「十誡」

接著從「思想的罪」衍伸出最外層「行為的罪」。

這個，可以從你自己的經驗來體會。比方說當你動了「想要偷東西」的念頭，就很有可能在某個時候產生「偷竊」的行為，兩者一定有所關連。

舊約聖經上的「罪」，基本上是與這類的罪相對應，其規範的東西，就叫做「律法」。大部分都是叫人「該去做什麼」，或者是「不該做什麼」，都是由造物主所吩咐的命令來表達。

另外，廣義的律法，指的是舊約聖經最初的五部書（從創世記至申命記，即摩西五書），意謂著神藉由先知所啟示的一切命令。狹義的律法，則是意謂著摩西在西奈山接受造物主所給予的「十誡」。通常一講到律法指的是後者，十誡的要旨如下——

十誡的內容（出埃及記第二十章三～十七節）

1. 不可以拜別的神；
2. 不可以製作、事奉偶像；

聖經小百科　何謂「十誡」（The Decalogue）？

先知摩西帶領過著奴隸生活的以色列百姓離開埃及，在抵達約旦河東岸之前，流浪了四十年，在途中，於西乃山受到神的啟示寫下「十誡」，作為造物主耶和華和以色列民族締結的契約，此後人民過著遵守律法為基本原則的生活。

3. 不可輕慢神；
4. 守安息日；
5. 孝敬父母；
6. 不可殺人；
7. 不可姦淫；
8. 不可偷盜；
9. 不可作假見證陷害人；
10. 不可貪戀人一切所有的。

像「不可貪戀人一切所有的」，這句話雖然也和思考有關係，但是基本上是對應到罪的意識結構第三層，也就是「行為的罪」。

舊約時代的猶太教司祭和信眾都不反對這一點，而他們認為自己是無罪的。

但是當耶穌出現的時候，他說不只去做，連「想要做的念頭」也同樣犯了罪。最有名的例子莫過於《聖經》中的這段話「凡看見婦女就動淫念的，這人心裡已經與她犯姦淫了。」（馬太福音的第五章二十七～二十八節）。

所以，在新約聖經裡追加了一條「思想的罪」。人類在尚未成熟的時候，首先規定出「行為」的律法，但是本應事包裹著的二層「思想的罪」——這是耶穌頒布新律法的主旨。耶穌針對這點，還說了以下這段話——

聖經小百科　安息日（The Seventh-Day）

希伯來文的意思是「休息之日」。關於由來有許多的說法，原本並不單純是以色列民族的假日，而是用這一天敬拜造物主。時至今日，基督徒以星期天為安息日，並不是因為法律規定如此，而是因為耶穌是在星期天復活；為了紀念他，所以在星期天做禮拜。

原罪是萬惡之首

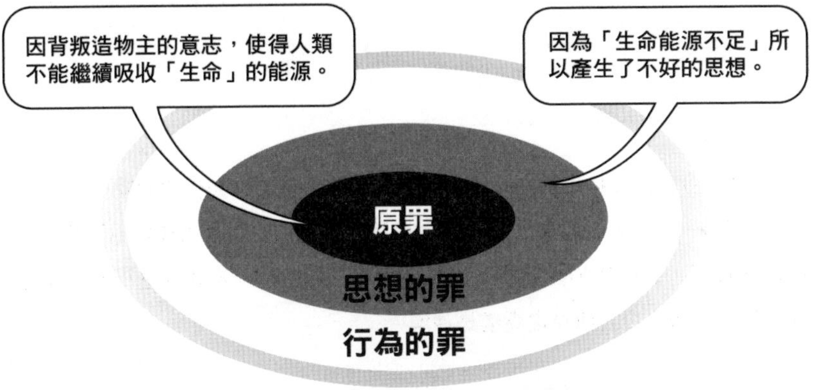
因背叛造物主的意志，使得人類不能繼續吸收「生命」的能源。
因為「生命能源不足」所以產生了不好的思想。
原罪
思想的罪
行為的罪

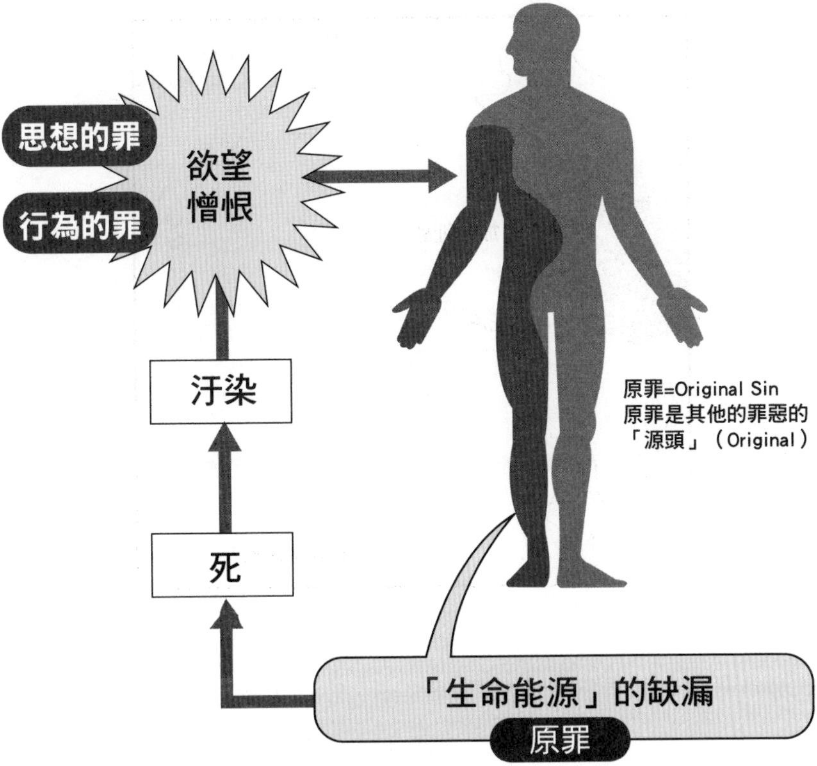
思想的罪
行為的罪
欲望
憎恨
汙染
死
原罪=Original Sin
原罪是其他的罪惡的「源頭」（Original）
「生命能源」的缺漏
原罪

然而今日幼發拉底河沿岸都是乾燥的沙漠。這又該如何説明呢？

不過，接下來的經文又可以與之相互佐證。由於亞當和夏娃犯了罪，被逐出伊甸園，從此伊甸園變成荒地。經過漫長的歲月，再也無法保留原本濕潤的地貌，因為今日所見之處盡是沙漠。

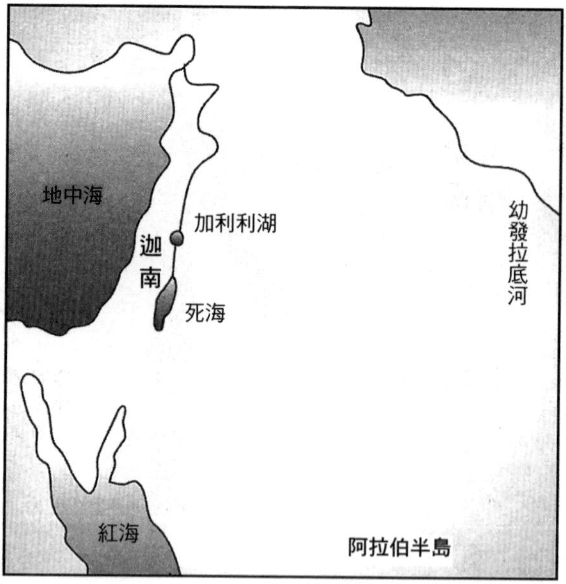

讓我們推測「伊甸園」真實的所在位置

《聖經》中記載的「伊甸園」，如果真有這個地方的話，是位在地球儀上的哪個地方呢？「創世記」給了我們一些線索，依此來進行推理或許相當有趣。

可能性最高的地方，應當位於今日幼發拉底河的上游區域。

為什麼這樣推測呢？

首先，《聖經》上寫著世界的中心的是「迦南」，照地理位置來推斷應該在約旦河與死海西側的地區，歐洲在它的西方，所以稱作「西洋」（Western），而中國和日本位於其東方，故稱作「東洋」（Eastern）。

然後，依據其描述的地理感覺，「伊甸園」（創造亞當的地）應該在東方。所以它應該在約旦、以色列靠東邊的地方。徒步或騎乘駱駝可以到達的範圍內。而印度、中國、日本都太遙遠了。

加上，《聖經》上記載著有四條河川流經「伊甸園」，其中有一條名為「幼發拉底」。當然或許是反過來，因為《聖經》上曾經這麼記載，所以將這條河命名為「幼發拉底河」也說不定，如果是這樣的話，其他的河也應該分別叫作「比遜」、「基訓」、「希底結」才是，那樣不是更好嗎？

因此，我們推斷「伊甸園」應當位於今日的幼發拉底河上游流域某個地方。

但是如果真是如此，就會產生一個新的疑問。《聖經》上寫著創造亞當的地上「有霧在地上騰，滋潤遍地」（創世記第 2 章第 4 節），所以推斷「伊甸園」應該是一處濕潤的沃土。

「莫想我要廢掉律法和先知，我來不是要廢掉，乃是要成全。」

——（馬太福音第五章十七節）

不過，那思想的罪的源頭，其實來自同一個原罪。耶穌之所以沒有這麼說，是因為這是《聖經》思想「當然的前提」。

《聖經》說「所有的人都是罪人」是什麼意思？

《聖經》裡亞當和夏娃繁衍了許多子孫，一直到今日我們都是他的後代。子孫的靈魂，是以亞當和夏娃為主幹分支出去的，然後再依此類推代代相傳下來，這就是《聖經》上說「每個人都是罪人」，其道理即在此。

它的意思覺不是說「每個人生下來都是邪惡的」，也不是性善說、性惡說。

聖經小百科　「當然的前提」——原罪（Original sin）

其實並不是《聖經》稱它為「原罪」的，而是神學。神學士探究出《聖經》中的思想，整理成有系統的理論，成為一門專業的學問。而「原罪」是神學上的專用術語。

4 所以現代人無法進入天堂

天堂惟有完全者才得以居住

現在我們看見了，原罪是萬惡之源。這個原罪，關係著我們人類永遠的幸福與不幸。在討論接下來的問題之前，首先必須揭開宇宙的命運。《聖經》上說這個宇宙最後是被一場大火燒掉了。

「但現在的天地還是憑著那命存留，直留到不敬虔之人受審判遭沉淪的日子，用火焚燒。」

——（彼得後書三章七節）

《聖經》上是這麼說的。

宇宙被燃燒之後，只留下火湖（地獄）和天堂，這兩者都會永遠地存在，地獄是永死，而天堂則是永生。

若是這樣，人類的靈魂將往何處去？這是最大的問題吧！還不僅是短暫的事，而是事關「永恆將會如何呢？」

掉進了火湖，那是炎熱痛苦的世界。而進入天堂，則是心曠神怡，每天過著歡喜的日子，誰會不想進入天堂？

可是，要怎麼樣才能進入天堂？除非是自己的靈魂消除了原罪的狀態。換言之，靈魂的「生命能量充電度」必須是百分之百。

為什麼呢？

在這裡又觸及到另一個《聖經》的原理。「天堂唯有完全者才得以居住」。這是「亞當犯了原罪，被逐出伊甸園」的故事給我們的啟示。

伊甸園有如天堂的雛型，可以與之相比擬。伊甸園裡不容許充電不完全者居住。所以天堂也不容許充電不完全者居住。

像這樣，所謂的舊約聖經就好像是「預表本尊出現的雛型」。我們可以很清楚知道本尊就是耶穌，這就是《聖經》總體的構造。

神聖意識，世俗意識

的確，就《聖經》上所說的，生命充電度是人類最大的問題。

聖經小百科　火湖（The Lake of Fire）

又稱作「火海」。不管怎樣，不聽從造物主旨意的存在，就像是忍受高溫的煎熬像地獄般痛苦的空間。

可是，現狀究竟變成什麼樣子？原本身為人類始祖的亞當和夏娃當初的充電度也是百分之百啊！

然而，他們在某個時間被惡魔欺騙了，違背了造物主的旨意。於是兩人的靈魂生命能量就不再是完全充電的狀態，也包含了「死靈」的部分。

接下來，《聖經》上主張「人類的靈魂是由亞當分支出去所衍生的」。從樹幹分出去的枝葉不斷地繁衍後代，所以後來的人類一出生下來靈魂就呈現充電不完全的狀態。

可是，及至長大成人，人才會察覺這個事實。那我們有可能再次與造物主的意識完全協調嗎？

那是辦不到的！「因為人的意識是從他的靈魂而來」。

與造物主的意識完全協調的意識叫作「神聖意識」，充電度不完全是無法產生「神聖意識」的。充電度低的靈，擁有比造物主更關注俗世的「死靈」。那會帶來與造物主的意識不協調的「世俗意識」。

從那種充電不完全的靈所創造出來的意識，百分之百絕對不可能成為「神聖意識」。所以它是充電還不完全的東西，即使再怎麼努力，也只不過是再「世俗意識」的範疇中反覆循環而已。

這樣說來，無論誰都沒有資格進天堂嘛。所有的人豈不都只能進火湖（地獄）？

聖經小百科　神聖意識，世俗意識

《聖經》裡，世界分為「天堂」、「世間」雙重構造。這個世界最後會被造物主的一把火給消滅掉，永遠留下來的只有天堂。傾向天堂的意義稱為「神聖意識」（heavenly），而傾向世間的被稱為「世俗」意識（secular）。

為什麼現代人無法進天堂？

天堂只有完全者才得以進入

＝

只有生命能量充電度達100%的人才得以進入

亞當和夏娃被騙，因而犯了罪，
生命能量充電度下降

↓

因為繼承了亞當的靈，
所以現代人也充電不完全

↓

與造物主的意識完全無法相互協調

↓

「生命能量」
無法完全充電

反覆循環

前往火湖
（地獄）

5 為什麼稱呼耶穌為「救世主」？

耶穌之死與「救贖」的原理

接下來我們談談《聖經》的主角耶穌被釘在十字架上的事。

他是由聖靈在處女馬利亞身上感孕而誕生的「造物主的兒子」。但是卻不是亞當的子孫。

因此，在他內心所住的靈並不是亞當的分枝。造物主的靈，即是聖靈。

而耶穌之所以被釘死在十字架上。是為了要拯救那些墮入火湖（地獄）的人類，

今天，就為各位說明它的原理。

聖經小百科　聖母瑪利亞的懷孕

根據「路加福音」，大天使加百列來到加利利的拿撒勒這個地方，出現在居住這裡的未婚處女瑪利亞面前，「聖靈要臨到你身上，至高者的能裡要蔭庇你，因此你所要生的聖者必稱為『神的兒子』」（第 1 章 35 節。）關於懷孕的事，在馬可福音第一章有具體的描述。

原本耶穌的肉體沒有必要死

首先《聖經》上寫著，犯了原罪之前的亞當本來肉體是不會死的，請各位留意一下創世記上的記載。

在《聖經》上經常可見「肉體反映靈魂的狀況」這樣的想法。當初，亞當和夏娃的靈魂生命能量充電度也是百分之百，死的是百分之零。所以他們的肉體是不會死的。亞當和夏娃的肉體之死，是由於意識與造物主之間不協調所導致的。

「你必汗流滿面才得糊口，直到你歸了土，因為你就是從土而出的。你本是塵土，仍要歸於塵土。」

——（創世記第三章十九節）

這是亞當的靈魂欠缺「生命」的狀態、而，造物主將他逐出伊甸園時所說的話。依照這個法則，耶穌的肉體根本沒必要死。因為他的肉體和我們人類截然不同。萬物的造物主說出來的話語叫做「Logos」，意謂著神的話就是「道」（普遍的真理）。為了和人所說的話有所區別，在中文裡大多翻譯成「道」。由於這樣的Logos（真理、道）成了肉身，所以我們說耶穌是「道成肉身」的神。

「太初有道，道與神同在。

道就是神。……

……道成了肉身，住在我們的中間。

充充滿滿有恩典，我們也見過他的榮光，正是造物主獨生子的榮光。」

——（約翰福音第一章一～十四節）

這段話展現了靈的思想。但是，字面背後的意涵卻十分深奧，所以在此暫且點到為止。總之，在他內部住的靈是「造物主的靈」。

如果造物主的靈，那就是發出無限「生命能量」的泉源。所以他的充電度不僅是百分之百，甚至是無限大。當然，他的肉體沒必要死。

耶穌被釘在十字架上真正的理由

所以說，是惡魔（給予猶太人殺人的念頭）將耶穌放置於釘死在十字架上的位置。其結果，解放了在肉體上作工的「生命能量」，從耶穌身上出現了無限的能量。耶穌用他的寶血來遮蓋我們的罪，等於是幫助人類的靈魂，將充電不足的部分加以補足，這就是他被釘在十字架上真正的理由。

聖經小百科　惡魔教唆殺人

惡魔（撒旦）他是一種靈魂。所謂的靈魂就是意識體，能夠影響其他的意識體，這是《聖經》中的思想。

藉由耶穌的死得救的理論

《聖經》的法則　肉體反映「靈」的狀況

然而

生命能量充電度達100%的人，肉體也不會死亡

原本耶穌的肉體沒有必要死

耶穌解放了「生命能量」，應用在肉體的功能

耶穌還是被釘死在十字架上

發出無限的「生命能量」

補足了人類的充電不完全

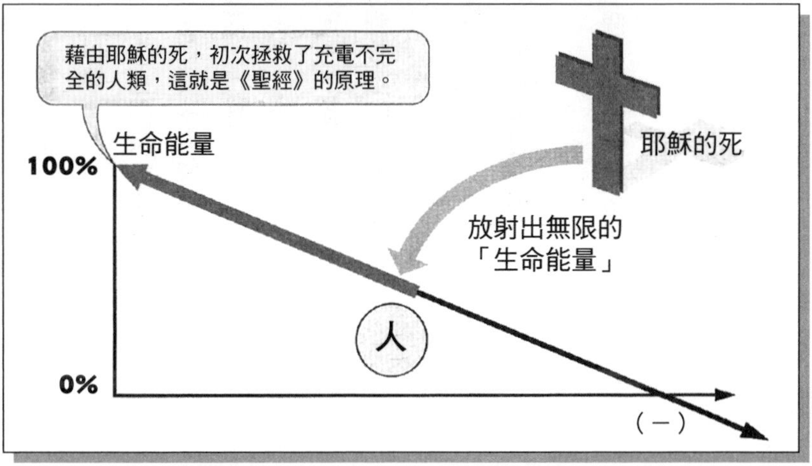

在日本關東地區，當一局遊戲結束時，玩家的分數若是沒有超過三萬分就必須要歸零。這就叫做「回歸原點」。若是分數超過三萬分是「勝出」，可以免費重玩一局，若是分數不足三萬分的臨界點則是「敗北」，想要重新再玩就必須付錢。

而耶穌的「生命能量」則是超過了「臨界點」，所以耶穌的「生命能量」是不會降至「臨界點」以下的，因為他可以自由決定「臨界點」的位置，即使「回歸原點」也絲毫不會影響到他的「生命能量」，也因此，耶穌可以由死復活，這樣一來，你就會明白《聖經》上所謂「救贖」的原理究竟為何了。

我以前也曾聽說過「因為耶穌被釘死在十字架上，所以人類獲得了救贖」。不過那時候我以為是因為相信了「精誠所至，金石為開」的道裡才得到救贖的，所以才會冷淡地把兩者之間混為一談。認為宗教大抵都是如此吧！

原來並不是這麼回事。基督宗教其實是一門非常有系統的宗教。

他們小的時候，據說都有在主日學學習到簡明版的救贖原理。也就是說從很早的人生階段，就已經照著理論的架構客觀地審視自己的人生。

所以說，就算會覺得討厭，我們也應該趁早培養自己成為一個有邏輯概念、懂得獨立思考的人。

6 資格受到肯定發揮了效力

不過，雖然我心中十分佩服，卻一點也不有趣。——我一定要找到邏輯中的盲點，當我像上斜視著的時候，忽然靈光乍現。

他曾說：「從耶穌身上，出現了無限的能量以補足人類充電不足的狀況。」既然是這樣，那麼不應該會有人掉進火湖才對？所有人都應該上天堂。

那些門徒也不用為了傳道而殉職，或是像海外宣教師一樣千里迢迢到日本來傳道。

難道，大家都沒有注意到這個盲點嗎？

資格如果不被當事人所接受，便發揮不了效力

你終於也能在短時間發揮邏輯思考能力了！但是為了充電所需的能量，還是必須

藉由耶穌被釘在十字架上來獲得提升。

然而「救贖」這件事，必須要當事人相信是真的才會發揮效力。這部分暫不說明，不過所謂的「救贖」其實是具有法律的性質。它是某種身分的認定，或是賦予某種資格。

比方說像日本的經濟企劃廳的廳長（相當於我國經濟部長）這樣的職位也是一種資格。而日本的總理大臣（相當於我國的行政院長）就像是某個中小企業的社長（相當於董事長），必須由他決定人選後任命。可是，被遴選為經濟企劃廳的廳長的當事人絕不會輕率地想著：「該不會……。」如果當事人不承認這像資格，那麼人事命令就無法發揮效力嗎？當事人也不清楚自己會被賦予何種權威和資格，如果不接受的話，這項資格便發會不了效力。

一般宴會上，不是會發放一些樂透彩券嗎？即使中了獎，如果當事人不拿著這張彩券到銀行去兌換的話，就喪失了拿獎金的資格。

籌辦宴會的活動幹事這時候可能會打電話到得獎者的家中，告知當事人：「你手上的彩券已經中獎了唷！」但事，當事人找不到那張彩券，卻回答對方說：「我生平從未抽中過彩券！」於是任憑兌換期限過去，白白損失了獲得一億日圓獎金的資格。這就是所謂的資格。

另外，如果要避免當事人決定不接受被遴選為經濟企劃廳廳長的資格，那麼是不是有必要事先將「你即將被任命為長官」的消息發布出去？宣教士確信「藉由十字架得救的原理」的。所以他把這項消息傳給人，好像要你接受一份「禮物」一樣，所以才會特地跋涉千里來到日本傳道。

福音歌曲意謂著「報佳音」

不管怎麼說，「只要相信救贖，在最後審判的時候，他的靈魂就能夠獲得上天堂的資格」，這就是所謂的「福音」，如果真的是這樣，他的結構就不會像是「必須徹底奉獻為教團賣力工作」或是「需要捐獻鉅額的金錢」，完全不需要這些條件。

照字面上的意思，「佳音」指的就是上述的消息。英文（good news）也可以翻譯成「好消息」。許多日本人將黑人靈歌中的福音歌曲（gospel）也當成是流行音樂的一種。實際上它是用來「報佳音」的歌曲。從這點來看，就可以知道東西方在認知上的差異。

總而言之，日本人把救贖的消息翻譯成「福音」，因此福音書的意思就是「記錄福音的文書」。

耶穌希望把福音傳給全世界的人類，因此吩咐門徒努力四處奔走，讓福音遍傳，使得大部分的門徒遭受到激烈的迫害，因此殉教。

這樣的故事曾經在人類的歷史出現，一想到人類是可以如此存活下來的動物，心中就湧現出生存的希望。

聖經小百科　福音歌曲（gospel）

福音歌曲（gospel）是以黑人靈歌為母體誕生的歌曲。在早期美國黑奴制的時代，黑人唱著寫出他們心生的「黑人靈歌」（宗教歌曲）來安慰自己。後來有了黑人教會，他們就以黑人靈歌為底，獨自創作一些讚美歌用在禮拜的儀式上。時至今日，白人的信徒也創作出許多福音歌曲。

「救贖」的唯一條件

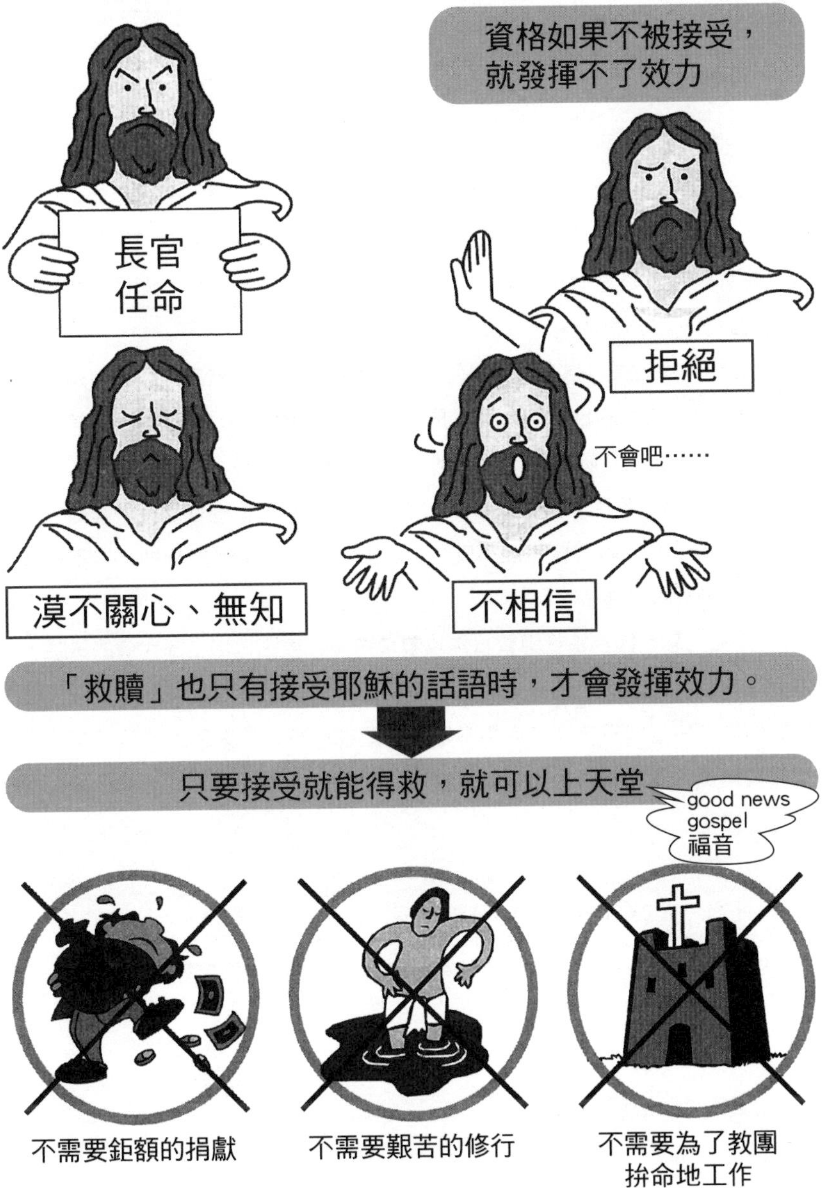

資格如果不被接受，
就發揮不了效力
長官
任命
拒絕
不會吧……
漠不關心、無知
不相信
「救贖」也只有接受耶穌的話語時，才會發揮效力。
只要接受就能得救，就可以上天堂
good news
gospel
福音
不需要鉅額的捐獻
不需要艱苦的修行
不需要為了教團
拚命地工作

但是要說日本人是完全「沒有理念的人」倒也不盡然，只是話語之中欠缺說服力。在美國，沒有原則的人（Man of No Principle）是會被排除在市民社會之外的。就這點而言，美國根本不是什麼民主主義國家。而是懂得運用強勢的語言去說服別人。

由於美國的國力強大，結果就是日本被打敗了。在歷史上也常有這樣的故事。二次大戰前的日本因為美方提出的「最後通牒」，而踏上了對美國宣戰的不歸路，結果在戰場上連連失利，就是其中的一例。

該怎麼做才好呢？美國人心中知道自己是抱持著何種理念。最起碼，那是他們了解「為何對方會焦躁不安？」的方法。如果不是這樣做，豈不是被敵人弄得團團轉了嗎？

過去，就是因為這樣導致日本攻擊珍珠灣。美國付出了高代價的犧牲，得到了教訓。所以，認為日本不應該擁有正統的軍備，因此成為建立戰後體制的鐵則。所以當日本建造軍事基地，希望能肩負起捍衛領土的責任時，儘管需要耗費大量的資金，但基本上這項行動是不會停止的，這便是日本人真實的心聲。

※1941 年 11 月中旬美日談判中，美國國務卿哈爾出示美國方面的最後提案。其中包含了要求日本軍必須從中國、印度戰場中完全撤退的內容。日本方面將這項提案是為最後通牒，12 月 1 日斷然拒絕，並於同年 12 月 7 日突襲珍珠港，因而開啟了太平洋戰爭。

依據理念誕生的民族VS表面和真心話的民族

舊約聖經中記載了各式各樣的「律法」（造物主的旨意），由此可以看到存在於「理念主導」生活的人類特有的原型思維（archetypes）。在人們的心中經常存有「絕對的標準」。並想要去實現上述的「理想世界」。這就是基督徒所接受的思考模式——或者是說更進一步地去強化「理念主導」的思考模式。

因此，凡是聖經文化圈（受到《聖經》或基督教文化影響）的人們，幾乎都是過著以「理念主導」的生活。而日本與這些「理念主導」的民族之間便產生了巨大的鴻溝。

日本人會區分「場面話和真心話」，並且認為「漂亮的場面話不足採信」，可以說是一個相當重視「表裡」的民族。至於「理念」則擺在其次，認為只是附加的東西。

然而，日本只有在經濟上展現出強勢的力量，逐漸讓歐洲人所接受，在此之前，雖然日本與其他國家之間，政府層級的交流是停滯不前的，但是今後隨著國際化的腳步加速，相信個人層級的交流必定會日趨頻繁吧！

接著，一些令人緊張的情況就會經常發生。比方說，日本人會視說話的對象，先想好該怎麼說，然後適切地回應對方。但是，西洋人則是認真地強調藉由理念可以實現並且建設出未來的「世界」，然後開始跟你說很多很多關於這方面的事情。

日本人基本上是抱持著「船到橋頭自然直」的想法，誰又知道未來的事會變成怎樣？所以既不會去擔心焦急，也不會受到理念的綑綁，所以是屬於「現實主導型」的民族。

第3章

閱讀聖經龐大的歷史繪卷

1 《聖經》中，天堂、宇宙、地球如何配置？

原來如此。和我同年齡的人都應該聽聽這個故事。大家並不抱著生存的希望，只是得過且過的活下去。迎合周遭的人到學校去上課、為了考試而讀書……。就這樣渾渾噩噩地度過每一天。

因為得過且過、懶散度日，也會產生許多不正確的行為、無腦的舉動。但不管是老師還是我們的父母，大人們似乎都不明白我們這樣的心情。

那麼，今天來說說看吧。我講的話，大家都應該聽聽。不過，只說了「那是件大工程啊」，就突然轉變了話題。

《聖經》中地球有如塵埃

現在，來談談《聖經》中的空間概念。

若要繼續研讀《聖經》，必須要逐漸培養：「故事的舞台空間，是如何設定的呢？」所謂故事，不管什麼內容，那必須在某個空間中展開。

尤其是《聖經》故事，除了在人類想像得到的極大空間中展開之外，其中還設定了各式各樣的舞台空間。這個概念經常和故事的展開息息相關。

這裡可以用一個簡單的圖示來表示。這是一個既定的結論，至於形成的原因是什麼，希望你們將來自己試著解讀看看。

1. 無限空間

首先，《聖經》中有個怎麼走都沒有盡頭的「無限空間」。應該可以說是無限者「造物主的胸膛」。

有點難以解釋，總之，並不是「先有無限空間，然後才有造物主」。若是如此，在無限空間存在的前提下，造物主才能存在。然而萬物的創造者，他自己的存在是不需要任何前提的。

憑我們的感覺是不可能想像出來的。那是因為在人類原有的想像之中，只會侷限在空間有限的統一概念而已。

2.天堂（天）

在這個無限空間中，有「天堂（Heaven）」的存在，也譯為「天」。

天堂雖然非常廣大，但它的廣大仍是有限的。因為它是一個被創造的空間。天堂的形狀，可以想像成一種球體。

3.宇宙

在天堂的一小部分中，還有另一個球體，那就是「宇宙（space, cosmos）」。從人類的眼光看出去，宇宙確實是很廣大的空間，但相對於天堂，卻只是小小的微粒。

4.地球

宇宙之中，還有更小的球體，就是我們居住的「地球（earth）」。

和宇宙相形之下，地球比塵埃還小。人類就像是黏附在它表面而生活著。

先前我們提到日本的《聖經》中，「天堂」也可以譯為「天」。例如「主禱文」中「我們在天上的父」中的天就是指「天堂」，不是僅指「上面的空間」。若以為天是上面的空間，天或許就成了宇宙；但若這樣理解《聖經》的話，就有了偏差。

《聖經》的空間概念

廣大但是有限的被創造空間。球體。
無限空間
天（天堂）
Heaven
宇宙
space, cosmos
地球
earth
無限空間
和「天」相較之下，只是如小小微粒般的球體。

主禱文

耶穌教導信徒「向天父的造物主祈禱的方法」如下。

我們在天上的父。

願人都尊你的名為聖。

願你的國降臨。

驗你的旨意行在地上，如同行在天上。

我們日用的飲食，今日賜給我們。

免我們的債，如同我們免了人的債。

不叫我們遇見試探；救我們遠離惡者。

因為國度、權柄、榮耀，全都是你的，直到永遠。

阿門。

最初的兩行意味著「如同天使們讚美著被放置於天堂『造物主的聖名』一般」。因為向來是由創造的天使來讚美造物主的聖名。接下來兩行「希望造物主的正義能夠在我們這個世界裡盡可能地實現，像是天堂那樣能夠徹底貫徹造物主的旨意的空間」，但是「上天的正義」和「這個世界的正義」是截然不同的。

2 歷史由靈界的戲碼展開

原來如此。按照空間圖來看，以前我聽說「宇宙若被火焚燒殆盡，就只剩天堂和火湖」，那景象就可以清楚浮現。

不過，我又有個疑問。這些空間是為何而造的呢？

造物主如果是萬物的創造者，就連這樣的空間應該也能造出來，但是創造它們應該有個理由才對。

此外，它們是一次創造出來的？還是有先後順序呢？如果有先後的話，到底是什麼順序呢？

創世記以前的歷史是什麼？

《聖經》中所謂的「歷史」，是指「造物主展開的一連串戲碼」。這全是造物主計劃中的產物，由於祂是全能的，歷史於是按照計劃展開，絕不容更改。

以下就針對《聖經》的歷史觀，依序來討論。

只有造物主的無限世界——萬物的起源

歷史，起始於無限的過去。

在最初的階段，只有造物主存在的狀態。造物主是時間、空間上一種無限的精神的存在。從永遠的過去跨越到永遠的未來與無限的空間，如此這般地存在。

而其他所有的物體，都是因為祂而獲得存在。造物主不需要靠任何人而獲得存在。從這層意義來看，祂是自己存在的東西，也可以說是「自由者」。

「我是自有永有的（I am who I am）」

——（出埃及記，第三章十四節）

這句經文，說的就是這回事。

天堂的創造——無限空間中初次誕生的有限空間

又名無限者的造物主。首先創造了「天堂（Heaven）」這有限空間，天堂這個被創造出來的空間，也就是一個「被創造空間」。

如前所說，以我們地球上的人類看來，天是出奇廣大的空間。相形之下，地球等等，都是比塵埃還為小的存在。不過，因為天也是被創造物，終究是個有限的空間。

在天堂創制「造物主的名」

其次，造物主在天堂的一角創置了自己的「名」。

「我們在天上的父：願人都尊你的名為聖。」

——（馬太福音，第六章九節）

這句經言，乍看之下似乎說明造物主是在天堂，然而天堂是一個被創造的空間。天父造物主是無限者，因此不能進入有限空間。因此，造物主把自己的「名」放置其中。這是為了讓將來創造的天使們讚美祂。

天堂充滿了聖靈

接下來，造物主讓天堂充滿聖靈。

所謂聖靈，因為是天父這造物主之中分離而來的，本質上和無限者是同樣的靈。聖靈和造物主的靈不同的一點，就是他們具有有限的一致性。

此外，不論哪一個聖靈都是完全一樣，工作也一樣。以哲學的用語來說，就是「一即多，多即一」的存在。在這層意義上來說，聖靈終究是「唯一者」。

後來，聖靈來到人類居住的地球上，進行各式各樣的工作。

天使的誕生——絕對服從造物主命令的軍事組織

造物主接著創造了許多「天使」。天使以靈的形式存在，人類無法看見。

天使最基本的工作，就是頌揚至於天堂的造物主之名。換句話說，天就是「天使們日日夜夜讚美造物主之名的空間」。

在有名的「主禱文」中有一節「願人都尊你的名為聖……」，就是「在天堂，天使都尊造物者的名為聖」的意思。也就是說，「天是造物主的王國」，亦即天堂之意。

此外，天使來到人世，亦是引發各種奇蹟的「具有神力的存在」。天使可以化身為人，現身在人類的面前。天使也可以化為火或風。

《聖經》上如此記載：

《聖經》上所記載的「創世記」以前的歷史

只有造物主的無限空間

首先，從無限的過去只有創造主存在的無限空間。

↓

天堂的創造

天堂雖然無比廣大，但卻是一個有限的被創造空間。

↓

在天堂創置「造物主的名」

因為造物主是「無限」，所以不能進入有限的天堂，只能在天堂的一角創置「造物主的名」。

↓

天堂充滿了聖靈

「聖靈」是從創造靈分離出來的，它並不是被創造的靈。只是本質和創造靈相同，差異在於它有限的一致性。

↓

天使的誕生

將天使集結成類似軍隊的組織，對於造物主的命令絕對服從的靈的存在。天使基本的工作是頌讚「神的名」。

↓

撒旦的出現

天使長背叛造物主化為撒旦，全天使的三分之一成為他的部下。

↓

耶穌登場

天使們造反的時候，造物主的懷中出現了靈的耶穌，身為天父的造物主將權柄給他，讓他能從無限界進入天堂。

↓

創造宇宙，關注撒旦

在天堂一角創造黑暗（宇宙），天使奉命將撒旦即其部下關進這個宇宙。

「論到使者，又說：『神以風為使者，以火焰為僕役。』」

——（希伯來書第一章七節）

關於天使與造物主的關係，有一點必須知道。

天使被賦予引發奇蹟的「權能」，所謂權能是物理的力量。相對於此，造物主擁有命令天使顯現這種力量的「權威」。權威可以說是「令他人服從的法律力量」。

人類社會的權威，是從某處或他處賦予而來的東西。業務部長行使的權威是董事長賦予的；而董事長的權威，則是由股東賦予的。至於股東的權威，則是國家的法律所賦予的。

然而，《聖經》的思想中，「造物主的權威並非由任何人所賦予」。造物主自己就是權威的來源。如此，造物主就成為終極的權威者。

天使必須服從這惟一權威的命令而工作。新約聖經記載許多奇蹟，源源不絕，那就是天使不斷工作之故。在這宇宙中也有許多天使出差工作。

談到這裡，希望讀者能描繪出這樣的形象：起初我們請讀者想向造物主的存在是和肉眼能的物質（被造物）並存，現在也必須想樣造物主與比地球人口還多的天使並存。如果不這樣的話，就無法正確理解《聖經》的內容。

此時，若讀者們想像的是圓圓胖胖、背上長著翅膀的嬰孩，那就錯了。那是羅馬神話中的愛神丘比特（Cupid），和天使是完全不同的。由於天使可以變換各種造型，因此我們可以把他們的原型想像成人類一樣。

天使必須絕對服從造物主的命令，可以說是以「奴隸的立場」被創造出來的存在。如同軍隊的組織架構，是必須絕對服從上位者的命令的存在。

當然，天使也背設計擁有獨立意志，但這意志也僅在服從命令時才能使用。若天使想使用意志達到其他目的或自己的自由，是不被允許的。

撒旦的出現——背叛造物主的天使長暗中活動

從這裡開始，劇情突然開展。那就是撒旦與「天使諸惡靈」的出現。

他們本來都是天使，但是從某時期開始，身負讚美「造物主之名」任務的天使軍團的首長，卻「想要讚美自己，為達此目的而希望擁有自己的國家」。

因此，天使長開始打造自己的王國，結果把三分之一的天使化為自己的屬下。這些天使就遵從天使長的命令，不再依照造物主制定的職務而行動。

在這裡簡述何謂「生命能量法則」。

天使是被創造的靈，被造靈要以本來面目繼續存活的話，必須將意識向著造物主，為「生命能量」持續充電。如果天使的意志與造物主偏離，波動不協調的話，就無法吸收能量，導致充電不足而墮落。

聖經小百科　如同軍隊的組織

「尼希米記」（九章六節）裡記載「唯獨你是耶和華（造物主）……你所保存的天軍也都敬拜你。」這裡所寫的天軍指的就是天使，天使是如同軍對一般的組織。米迦勒，是負責戰爭的天使軍團的首領（天使長）。

撒旦是誰？

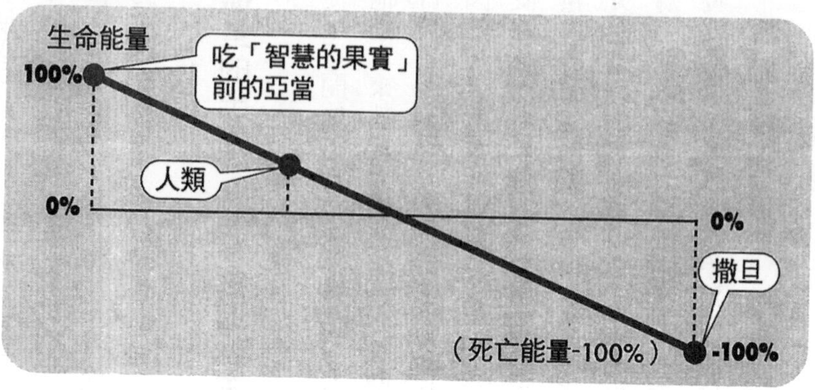

而這天使長不僅意識偏離了，他甚至要「對抗」造物主。從物理上來看，即如圖中顯示，他的生命能量充電值已經破零，朝向負數挺進。所謂「生命」的負數，就是「死亡」。這麼一來，天使長完全變質而成為「撒旦」，以「死亡能量」作為他的正數。《聖經》中將撒旦稱為「擁有死亡權柄」，就是這個意思。

由於能量變質，靈體的樣貌也變質了。雖然《聖經》中並沒有關於撒旦本來面貌的描寫，但〈啟示錄〉則有「古蛇名叫魔鬼，又叫撒旦」（第十二章九節）的記載。

耶穌的登場——創造宇宙，關注撒旦

這裡，《聖經》的主人翁耶穌登場了。他是在天使與造物主對抗之時，出現於造物主的懷中。

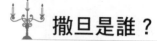

這個時候，他還不是擁有肉體的「人子」，而是靈的耶穌。天父造物主將全權委託給耶穌，他由無限界進入了天堂。因此，就在這個空間，耶穌代理了所有創造的業務。

首先，耶穌在天堂的一角創造了關注撒旦及其手下的黑暗空間，這就是「宇宙」。然後，耶穌命令服從造物主的天使們去追趕反抗的天使，把他們關起來。這個思想，揭示於以下經文中：

「又有不守本位，離開自己住處的天使，主用鎖鏈把他們永遠居留在黑暗裡，等候大日的審判。」

——（猶大書・第六節）

所謂「大日的審判」，就是「宇宙被火焚燒，所有被創造物都將進行最後審判的那一天」。因此，這裡的「黑暗」就是「創世前的宇宙」。在這個階段，地球是「無影無形」的。

以上所述，是理解《聖經》時非常重要的關鍵。

換句話說，在《聖經》中，宇宙本來被創造成居留惡靈的牢籠。惡靈們基本上是牢中囚犯，撒旦又成了牢中之王。

在此狀況下，撒旦即惡魔（Devil）。《聖經》中記載惡魔是「這個世界（宇宙）之君（君王）」，就是這個意思。

我總是一回到家就馬上整理筆記。然後只要一有時間，就展讀《聖經》。就這樣，不知不覺中，這句話會脱口而出：「《聖經》真是優美啊。」當然，我還有許多不了解的地方，目前為止也還不完全了解他在説什麼，但只要有理解的部分出現，就能打通脈絡。

然而他說：「不可以完全依賴我教的論點。」這意謂必須自己實際去接觸、思考經文。

這句話的真正目的，是提醒我們別忘了要親自接觸經文，才能自己解讀、有所收獲。

這個我了解。雖然了解，但目前看來還是把它當作未來的目標。暫時只能先聽取別人的解讀。

3 創造天地與舊約時代

——從「這個世界」的創始到耶穌誕生的時代為止

開天闢地——世界隨著「光」誕生

《聖經》這本書，是從開天闢地這一節開始的，在此之前的故事則穿插在後面的章節中。

聖經小百科　天地創造與耶穌

《聖經》裡「起初，造物主創造了天與地」，於是開始所謂的天地創造的故事。必須要很仔細地研讀《聖經》之後，才能理解這裡記載的「造物主」存在的實體，指的是（沒有肉體而以靈魂存在的）耶穌。

這裡所謂的開天闢地，是指造物主之子耶穌，在撒旦被關起來的牢獄（宇宙）之中創造了人類這一段故事。

耶穌說了「要有光」，而創造了光。在《聖經》中，有「造物主口中說出的話，現實便須服從」這樣的思想。經文即這樣記載：

「起初，造物主創造了天與地，地是空虛混沌，淵面黑暗，神的靈運行在水面上。神說要有光，就有了光。」

——（創世記，第一章一～三節）

在這莊嚴的場面之後，耶穌說道「水與水之間有所區別」後，而將宇宙膨脹。這和大爆炸（Big Bang）學說相呼應。後來，耶穌便陸續創造地球、海、植物與人類。

亞當與夏娃的誕生——「伊甸園」創於撒旦所住的牢獄中

人類的始祖亞當創造於伊甸園中。亞當擁有和天使不同的肉體，具有能與造物主相通的靈。夏娃也是如此。

亞當與夏娃都擁有自由意志。換句話說，他們的自由意志是完全向著造物主，是以遵從造物主的話而為存在的基礎。而他們是在惡魔控制的牢獄（宇宙）中被創造的。

亞當與夏娃還不辨善惡。造物主在伊甸園這個地方創造了一個特別園區

聖經小百科　大爆炸（Big Bang）學說

在宇宙誕生的出發點曾經發生過一次大爆炸。還是以美國的理論物理學者伽莫夫（George Gomow, 1904~1968）為中心提倡的假說，又名「霹靂說」。

（garden），就是伊甸樂園。

逐出伊甸園——亞當與夏娃犯了原罪

然而，這個樂園追根究底還是在「牢房」裡。不久後，惡魔偷偷地接近亞當與夏娃，欺騙過於善良的他們，讓他們認為「自己也和造物主一樣聰明」，因此不再服從造物主的話。

因此，亞當與夏娃的意識不再和造物主協調，他們就成為充電不完全的靈。於是造物主將兩人逐出伊甸園。正如本書第二章後面所說，伊甸園是「天堂的模型、雛型」。因此，驅逐亞當與夏娃也就等於宣示了「真正的天堂唯有完全的靈才能進入」這個原則。

諾亞方舟——大洪水使人類滅亡，歷史重新開始

被逐出伊甸園的亞當與夏娃生了孩子，開始繁衍後代子孫。但是後來造物主眼見人類的墮落，便消滅了全人類，只留下一個家族。

殘存下來的是對造物主深具信心的諾亞家族。只有諾亞能遵從造物主的心意。因此造物主對他說：

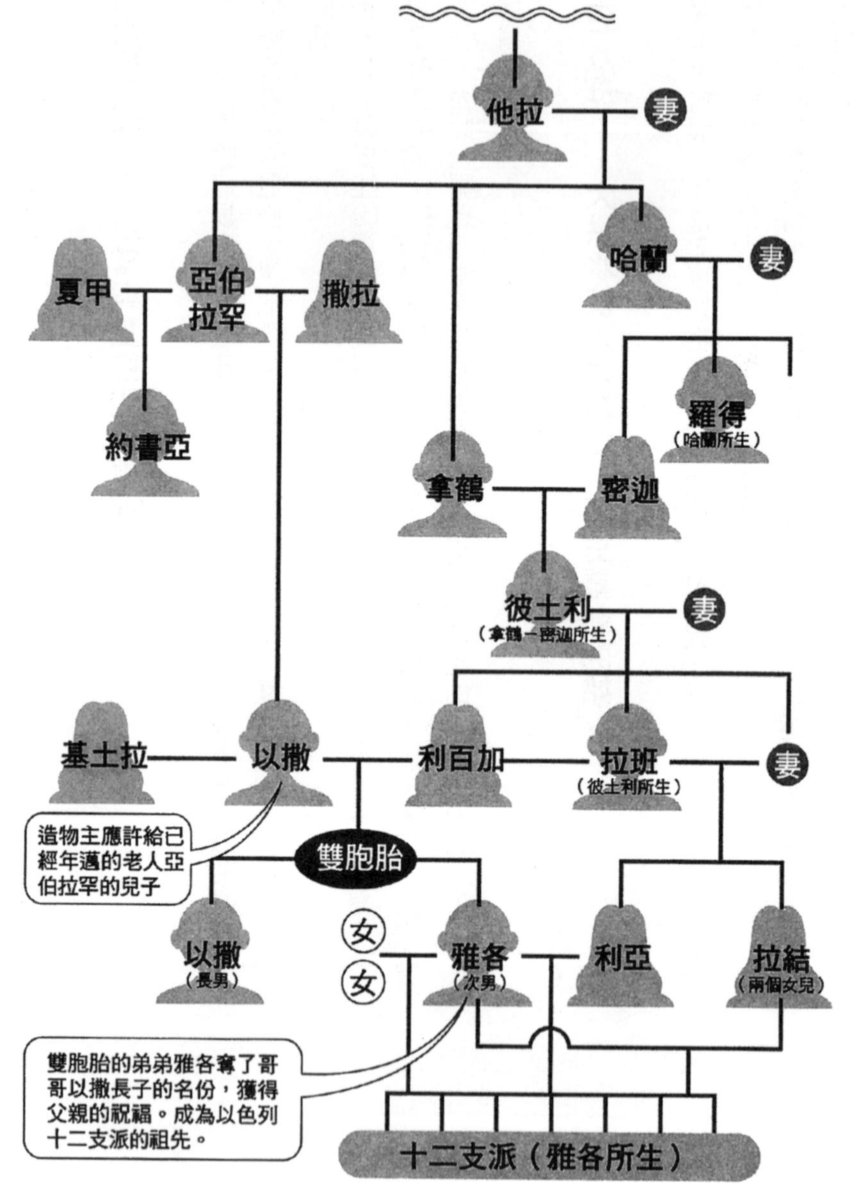
他拉
妻
亞伯
拉罕
夏甲
撒拉
哈蘭
妻
約書亞
羅得
（哈蘭所生）
拿鶴
密迦
彼土利
（拿鶴－密迦所生）
妻
基土拉
以撒
利百加
拉班
（彼土利所生）
妻
造物主應許給已
經年邁的老人亞
伯拉罕的兒子
雙胞胎
女
女
以撒
（長男）
雅各
（次男）
利亞
拉結
（兩個女兒）
雙胞胎的弟弟雅各奪了哥
哥以撒長子的名份，獲得
父親的祝福。成為以色列
十二支派的祖先。
十二支派（雅各所生）

創世記的登場人物

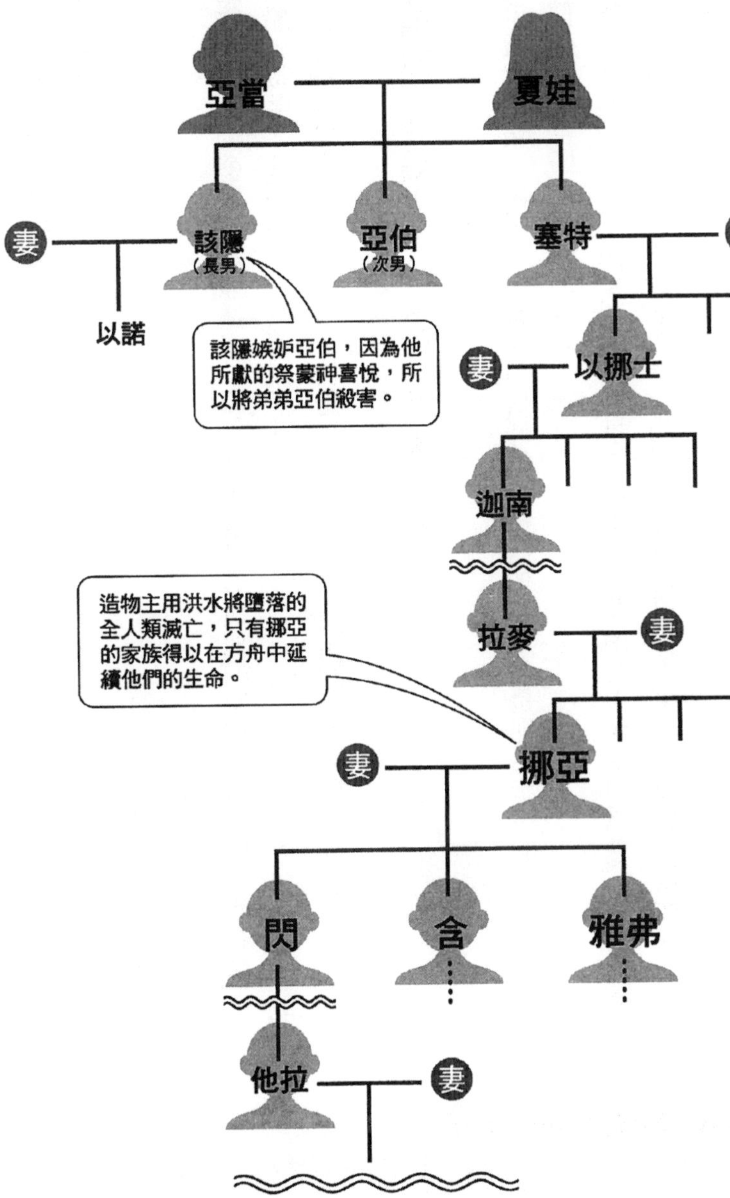

亞當
夏娃
妻
該隱
（長男）
亞伯
（次男）
塞特
妻
以諾
該隱嫉妒亞伯，因為他所獻的祭蒙神喜悅，所以將弟弟亞伯殺害。
妻
以挪士
迦南
造物主用洪水將墮落的全人類滅亡，只有挪亞的家族得以在方舟中延續他們的生命。
拉麥
妻
妻
挪亞
閃
含
雅弗
他拉
妻

「神就對挪亞說：凡有血氣的人，他的盡頭已經來到我面前，
因為地上滿了他們的強暴，
我要把他們和地一併毀滅。」

——（創世記，第六章十三節）

造物主為信仰堅定的諾亞造了一艘大船，讓諾亞與他的家族，所有種物的動植物一一上船。接著，便製造大洪水消滅了其他人。這就是「諾亞方舟」的故事。於是，人類就由諾亞家族開始繁殖。

亞伯拉罕登場——「以色列民族」之父

經過數代之後，出現了擁有深刻信仰的子孫亞伯拉罕，是耶穌誕生的兩千年前，距離我們現在則為四千年前了。

造物主將亞伯拉罕子孫繁衍的民族是為傳承者，開始對人類傳達訊息。亞伯拉罕的後裔就是以色列民族，他們把造物主的訊息忠實地保存下來，而據此修撰而成的，就是舊約聖經。

在這些訊息中，包含許多造物主對人類下達的命令（律法）。人類依照它們而生活，也就是說，他們共同擁有特別的宗教。

聖經小百科　亞伯拉罕（Abraham）

起初叫做 Abraham，後來從造物主裡得到了「群眾（多國）之父」。在他年老不能生育的時候，因為和造物主立約，所以造物主賜給他的兒子以撒。後來以撒的兒子雅各生了十二個孩子，後來建立了「以色列民族十二之派」。

所為「擁有共同教義」，是超越血統、而成為同一民族的證據。因此，信仰別種教義的人，即使是血親，也要被逐出家族、民族。因為結婚等情形，也會引發這類的問題。

換言之，對他們來說，「他民族」與其說是異邦人，還不如說是「異教者」。他們是很特別的民族。

從先知到士師，及至國王統治的時代

造物主後來還是從以色列民族中選出特定的人，託付祂的訊息。因此，產生了為數眾多的先知，例如知名的摩西。「十誡」就是透過摩西而傳達給世人。

起初以色列人是由這些先知統率，而維持民族的同一性。後來，則由士師擔任政治軍事上的指導者。

此後，政治體制也改變為王政體制。在他們遭受的對民族壓迫日益嚴重之際，為了維持民族同一性，於是選出國王，並僅服從國王。

第一位國王掃羅王，三十歲時稱王。

他當選的過程，頗有以色列的特色。以色列有十二個部族，長老們前往最傑出的先知撒姆耳那裡，請他選擇國王；他根據靈感而選擇了掃羅。

從此，掃羅開啟了統一治理以色列所有支派的新頁，並陸續擊破異邦人的軍隊。

聖經小百科　士師（Judge）

以色列人民進入迦南之後到形成王國的期間，由造物主選立的領到者，稱之為士師。舊約聖經的「士師記」記載了十二位士師的事蹟。其中教著名的參孫、底波拉、基甸等人。

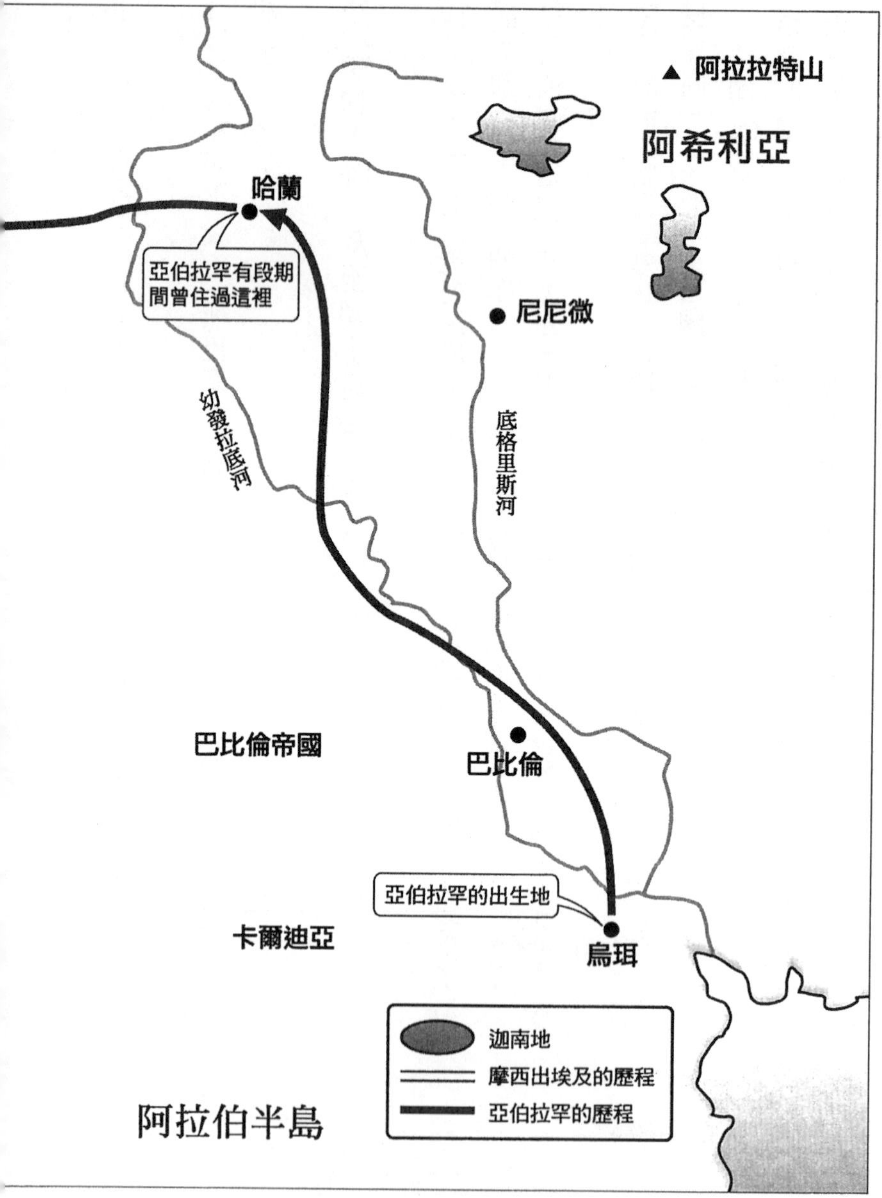

阿拉拉特山
阿希利亞
哈蘭
亞伯拉罕有段期間曾住過這裡
尼尼微
幼發拉底河
底格里斯河
巴比倫帝國
巴比倫
亞伯拉罕的出生地
卡爾迪亞
烏珥
迦南地
摩西出埃及的歷程
亞伯拉罕的歷程
阿拉伯半島

聖經的世界地圖

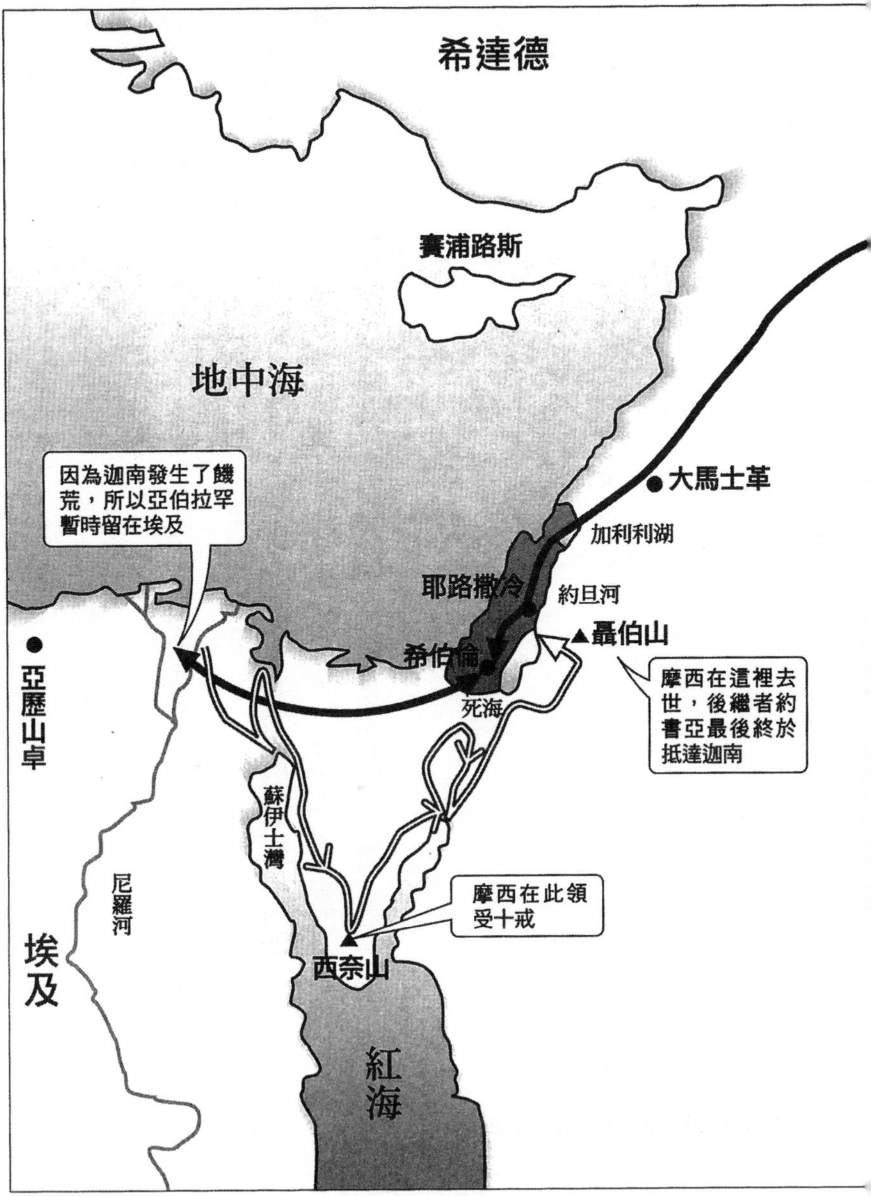

希達德
賽浦路斯
地中海
因為迦南發生了饑荒，所以亞伯拉罕暫時留在埃及
大馬士革
加利利湖
耶路撒冷
約旦河
聶伯山
希伯倫
死海
摩西在這裡去世，後繼者約書亞最後終於抵達迦南
亞歷山卓
蘇伊士灣
尼羅河
摩西在此領受十戒
西奈山
埃及
紅海

因此他的權限也愈來愈集中。

第二任國王是大衛王，有許多關於他著名的故事。大衛王擊敗異邦的巨人哥利亞（Goliath），建立了猶太人的王國。此外，除了身為國王，他也是先知。大衛王接受的許多靈感，都收錄於舊約聖經的〈詩篇〉中。

造物主曾給予啟示，表示「救世主將出自大衛的家族後代」。因此，耶穌即是出生於大衛家族。

第三位國王是所羅門王，他是大衛的兒子。所羅門王在統治的四十年期間建立雄偉的神殿，是優秀而有智慧的人。《聖經》中所收之〈箴言〉，許多都與所羅門有關。

聽聞所羅門王事蹟的席巴女王，為了測試他的智慧而帶來艱澀的問題，這個故事非常有名。所羅門王一一解答她的提問，於是，女王說：

「你的臣子、
你的僕人，
常侍立在你的面前，聽你智慧的話語，是有福的。」

——（列王記上，第十章八節）

確實很了不起，所羅門王並不像大衛那樣苦幹實幹，可以說他是個公子哥兒。

所羅門王愛上許多造物主禁止交往的異邦女子。一旦與異邦交流，必定會心向

聖經小百科　巨人哥利亞（Goliath）

大衛與哥利亞的故事出現在舊約聖經的「撒母耳記」中。西元前十一世紀末，以色列人掃羅王親率出征對抗菲利士人的進攻，隔著山谷兩軍相會。這時候牧羊少年大衛挺身而出對付非利市巨人哥利亞，僅用了小小的投石器就把哥利亞打倒，提振以色列軍隊的士氣，贏得勝利。

那些女子們所信奉的眾神；因為這個理由所羅門王被禁止她們交往，但仍不改少爺本性。或許是英雄難過美人關，他擁有王妃七百人，妾三百人。

造物主見此，對所羅門宣示：「分裂你的王國，給你的僕人」。相較之下還是歷經戰爭一路苦過來的大衛比所羅門更加偉大。

「然而因你父親大衛的緣故，我不在你活著的時候行這事，必從你兒子的手上將國奪回。」

——（列王記上，第十一張十二節）

所以說，表面上「所羅門王的榮耀」這個詞，指的是在他任期內以色列王國正逢最繁榮的全盛時期。

先知以賽亞預言耶穌的誕生

自所羅門王後，以色列的國事逐漸衰退。不過，先知也陸續出現。

這裡，再次登場的就是本書第一章曾提及的〈以賽亞書〉的作者以賽亞。以下就看看以賽亞所寫的耶穌出現的預言。

聖經小百科　席巴女王（the Queen of Sheba）

席巴被當成是阿拉伯女王，傳說他因仰慕所羅門王的智慧，遠從（非洲）衣索比亞來到尼羅河與所羅門王結成連理。

「……哪知他為我們的過犯受害，
為我們的罪孽壓傷。
因他受的刑罰，我們得平安；
因他受的鞭傷，我們得醫治。
我們都如羊走迷；各人偏行己路；
但是，主啊，讓我們眾人的罪孽
都歸在他身上。」
——（以賽亞書五十三章五～六節）

以賽亞生於耶穌誕生前七百多年前，他這段預言的內容，在耶穌出現前世人並未能理解。直到耶穌出現，做了各式各樣的事後，世人才初次發覺，「啊，以賽亞的預言說的不就是這回事嗎？」

換句話說，「舊約是預表本尊（救世主）顯現的雛型」就是指《聖經》。也可以說，「舊約是真理的影子」。

此外，大約自西元前七五〇到七〇〇年起，以色列民族被居住在亞述或巴比倫等地的其他民族佔領，由波斯、羅馬等國統治。接著，《聖經》的主角耶穌誕生於羅馬統治下的以色列，即進入了新約時代。

聖經小百科　先知以賽亞（Isaiah）

西元前八世紀的大預言家。從西元前七四二年左右開始從事了約半世紀的預言活動。據説他的妻子也擁有預言能力。

天地創造與舊約時代

天地創造

耶穌把「黑暗」（宇宙）膨脹，在其中創造天與地。

↓

亞當和夏娃住進「伊甸園」

造物主創造了人類的始祖亞當，和夏娃一同住進樂園。

↓

亞當和夏娃被逐出「伊甸園」

亞當和夏娃受了撒旦的誘惑：「我可以讓你也變得像造物主那樣聰明」，結果他們吃了「智慧的果實」，後來被逐出伊甸園。

↓

挪亞方舟和大洪水

被逐出伊甸園的亞當和夏娃，繁衍了許多的後代，造物主看到他們如此墮落，便引發了大洪水，除了篤信上帝的挪亞家族之外，其餘人類全部消滅了。

↓

「以色列民族」源自亞伯拉罕的子孫

挪亞之後數代的子孫當中，出現了一位篤信上帝的亞伯拉罕，造物主將他的子孫（以色列民族＝猶太人）繁衍的民族視為繼承者，開始對人類傳達訊息，整理程「舊約聖經」。

↓

從先知、士師，及至進入國王統率的時代園」

出現了許許多多的先知，如摩西、大衛、以賽亞，他們從造物主那兒得到訊息。以色列民族遭逢種種的苦難，一直盼望著「救世主」的到來。

人類心底深處，存在著「希望像神一樣」、可以稱做「自我神欲」的欲望，這或許就是答案。追根究底，這個慾望可以和人類始祖亞當與夏娃最初犯下的原罪相互呼應。

「神知道你們喫（造物主吩咐過不許吃的果實）的日子，眼睛就明亮了，你們便如神……（能知道善惡）」（創世紀，第3章第5節）

他們接受了來自惡魔的誘惑，就落得那樣的下場。

人類一旦年歲增長，自我神欲就會冒出頭來。因此可以說，這個欲望直到現在還是世上萬惡的根源（即原罪）。

人心潛藏「希望像神一樣」的欲望

以智慧而聞名的大衛成為國王的過程，和掃羅有些微的不同。

他是一位牧羊人的么子。然而，造物主放棄了獲得權力而變得傲慢的掃羅，轉而賦予大衛力量。大衛以擊敗巨人哥利亞亞為契機，屢次在戰事報捷。

掃羅為了攏絡大衛，將自己的女兒嫁給他，而大衛的人氣也愈來愈旺。掃羅有感於王為可能不保，刺殺大衛不成，反而戰死於此役。於是，王位就由大衛繼承。

不過，晚年的大衛覬覦別人的妻子，濫用權力剛愎自用。

所謂舊約，就是「造物主給予的舊契約」，若遵守造物主的戒令即能獲得幸福；如果違反契約則遭到詛咒。而其中一項戒令就是「不可妄圖他人之物（含妻子在內）」。由於大衛違反這項約定，後來，他的兒子有意剷除他的性命，大衛因而流亡他鄉，下場非常狼狽。

掃羅也好，大衛也罷，年輕時都是傑出的青年。然而為何一旦權力到手、年紀增長，就變得不一樣呢？這該如何以《聖經》的角度解釋呢？

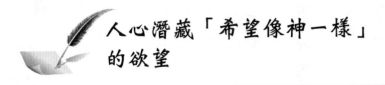

4 從舊約時代到耶穌時代

——「人子」耶穌開闢新時代

這個世界由創始到現代，在《聖經》中是被一分為二的。最初的階段是「舊約時代」，亦即「亞當與夏娃不得不被逐出伊甸園，到耶穌出現前」這段時間。這個時代，基本上是「造物主賦予先知靈感的時代。」然後，耶穌出現了。在《聖經》中，從此進入「造物主本身以人的姿態直接說話的時代」。

現代亦屬新約時代的一部分

因為耶穌的訓示都收錄於新約聖經中，此後的時代就被稱為「新約時代」。我們生存的現代也是新約時代。

我們來追溯新約時代的歷史吧。首先，耶穌是以人的姿態出現在人類社會。後來耶穌自己以人類的語氣揭示真理。此外，耶穌藉著被釘上十字架、被殺死，創造出補

新約時代與現代

耶穌誕生

耶穌擁有肉體以「人子」的身份出現在世上，開始直接傳講造物主的話語。

↓

釘上十字架

耶穌以「為人類救贖」的身份，被釘死在十字架上。

↓

復活

三日後，耶穌復活，向門徒傳講「福音」（相信耶穌在十字架上受死是為了使人類的罪得到救贖），並且發出報「佳音」的宣教命令。

↓

昇天

耶穌回到天堂。

↓

現代

向世界普傳福音的時代。

《聖經》的歷史流程

「天地創造」以前 → 舊約時代 → 新約時代 → 現代

- 舊約時代：等待救世主到來的時代
- 新約時代：救世主耶穌登場
- 現代：向世界普傳福音的時代

足人類「生命能量」不足的無限的「生命『漂浮』點」。如果認可這個能量的存在，就賜予人類自己也能達成這個效果的道路。這裡所說的都和前面說的符合。

耶穌在死後第三天復活，現身於人類眼前，並說是將「佳音」傳達給全人類，之後便回到天堂。

因此，我們的時代就是所謂「接受耶穌的言語，並將其傳達的時代」。根據《聖經》的歷史觀，我們現在就是生活在這樣的時代。

「往後人類將變得如何呢？」這是關於未來的話，我除了據此想想人生，也應該當作直接參考。但為什麼現在要暫停呢？

那天我就一直感到不滿足，一反常態，我很早就上床睡覺。這是為了要睡得飽一點，隔天才能頭腦清醒地問問後續故事。

聖經小百科　把「福音」傳給全人類

在「馬可福音」的末尾記載著這段「耶穌對門徒說：『你們往普天下去，傳福音給萬名聽……。』主耶穌和他們說完這番話，後來被接到天上去，坐在造物主的右邊」。

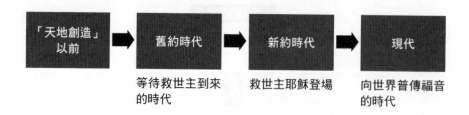

舊約聖經超越了猶太民族

書寫舊約聖經的是猶太的先知們。他們從造物主那裡領受的語言，指當面傳達給猶太人。而這些思想被收錄起來，成為猶太人宗教（猶太教）的教典。

猶太教會的司祭們接受了以這些教義為主、規定「不可……」的行動法則（律法）。

然而耶穌現身當地，宣示這部教典並非專屬於猶太人，而是「給全體人類的訊息」。不僅如此，耶穌還斷言舊約聖經不是「律法的教義」。耶穌還預告「救世主的出現」，並表示「救世主就是自己」。

因此，儘管耶穌被殺死，其教義超越了猶太人而散播出去。於是基督教將此教典收錄為「舊約聖經」，它便由單一民族的教典變為解放全人類的經典。

此外，後來出現的伊斯蘭教始祖穆罕默德也以此教典做為教義的基礎。

穆罕默德表示，猶太先知們所說的預言全部都是真理，他自己也以「最後的先知」自居。根據他的教理，耶穌也成了舊約中沒有記載的先知，這就是他自封「最後的先知」的原因。

因此相對而言，穆罕默德的預言成了最高原則。而為了具體追溯他的教義，就必須接觸舊約聖經才行。在這裡，舊約超越了猶太民族的壁壘，影響可及伊斯蘭教的根源。

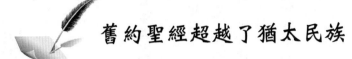

5 如何預告未來
——「啟示錄」所描繪的人類未來

七年大災難——誰也無法預言世界末日

先前提及的歷史展開表示些什麼呢？這有點複雜。

首先，在某段期間發生了七年的大災難。「某段時間」是什麼時候，「只有天父才知道」，就連耶穌也不知道。

「但那日子，那時辰，沒有人知道，連天上的使者也不知道，子也不知道，惟獨父知道。」

——（馬太福音第二十四章三十六節）

《聖經》上這麼記載著。

被稱為世界末日論的「始祖」——《聖經》，如此斷言。這件事不限於基督信徒，大家都應該知道才對。諾斯特拉達穆斯（Nostradamus, 1503~1566A.D.，法國醫學家、占星學家、預言家）或新宗教的教組都曾預言「終結世界的戰爭將隨時發生」，並非如此，他們一直說著「《聖經》上有記載」，但不能輕易信之，要認為「那是不對的」，這一點很重要。

然而，大災難到底何時會發生呢？你會擔心嗎？沒問題，這時候耶穌的預言，是以以色列民族為焦點。因此，再嚴重的災難也是發生於「以色列人民及其周邊」。

當然，那時亞洲或許也會發生災難，但《聖經》上卻沒有記載。

耶穌從天降臨——耶穌再現於這個世界的時候

如果發生大災難，會變成怎樣？《聖經》上寫道，「耶穌基督會出現在空中」。

這不是騙人的，這段經文如此記載：

「那時，人子的兆頭要顯在天上，地上的萬族都要哀哭。他們要看見人子，有能力，有大榮耀，駕著天上的雲降臨。」

——（馬太福音第二十四章三十節）

聖經小百科　大能

充滿全能的造物主的力量的話語。

在信仰者的世界中，將此現象稱為耶穌的「空中再臨」。

耶穌的選民——信仰堅定的人被耶穌揀選進入天堂

前述經文中有一句「地上的萬族都要哀哭，他們要看見人子……」。地上的人們因為身處災難之中而哀哭，但是，並不是百分之百的人都悲哀。這時候，地上還發生了新的事件。

首先，在此之前為了耶穌教義而殉教的聖徒復活了。其次，地上的人群之中，領受耶穌語言的人，聖靈會進入他們（聖徒）的靈魂，使他們的肉體產生變化。然後他們昇上天空，與耶穌同流於空中。

《聖經》這樣記載：

「因為主必親自從天降臨，有呼叫的聲音和天使長的聲音，又有神的號吹響，在那基督裡死了的人必先復活。以後我們這活著還存留的人，必和他們一同被提到雲裡，在空中與主相遇。」（帖撒羅尼加前書第四章十六至十七節）

被稱作「神的揀選」。

聖經小百科　天使長

天使是如同軍隊一樣的組織，有各自的天使長，其中有名的熾天使米迦勒（Michael）也是其中之一。

千禧年——地上出現前所未有的樂園

地上的大災難持續了七年。此後，天使把撒旦關進「無底洞」。《聖經》上寫道：

「我又看見一位天使從天降下，手裡拿著無底坑的鑰匙和一條大鍊子。他捉住那龍，就是古蛇，又叫魔鬼，也叫撒旦，把牠捆綁一千年，扔在無底坑裡，將無底坑關閉，用印封上，使牠不得再迷惑列國。等到那一千年完了，以後必須暫時釋放牠。」

——（啟示錄，第二十章一～三節）

因此，耶穌與揀選升天的聖徒們一起降臨地上，在地上建造樂園。

因為持續了一千年，所以一般稱之為「千禧年」。千禧年期間，復活的聖徒和耶穌一同作王統治。有段經文是這樣的：

「……我又看見那些因為給耶穌作見證，並為　神之道被斬者的靈魂，和那沒有拜過獸與獸像，也沒有在額上和手上受過他印記之人的靈魂，他們都復活了，與基督一同作王一千年。」

——（啟示錄，第二十章四節）

聖經小百科　見證

及驗證耶穌的教義是真理的證明。有的時候奇蹟也是一種見證。

此外，耶穌再度降臨時提攜上空中的信仰者，也賦予審判的權威、參與統治。

當撒旦被關進無第坑，惡靈軍團就不再活動了。因為他們，是只遵從撒旦的命令而活動。

《聖靈》的理論主張「人的思想，基本上是由靈造成的」。為人的靈魂帶來邪惡思想的，就是惡魔。然而因為惡靈不再活動，人類變不再受到邪惡思想的誘惑。

這麼一來，人的靈魂和「生命能量」的吸收率或充電率絕對會變好。結果，肉體和活力都增強了，幾乎百病不侵。地上就成了這樣的樂園。

這種狀況持續了一千之久。不覺得很棒嗎？然而，一千年並非永遠。畢竟這個樂園是地球上的樂園，並不是造物主的王國「天堂」上的永遠的樂園。

這麼壯麗的故事，有可能是人類想出來的嗎？如果真是如此，可真是了不起啊！不知如何形容才恰當！如果去參加諾貝爾文學獎選拔，必定能輕易獲勝。

宇宙的消滅——墜入撒旦之手的人增加，「這個世界」被毀滅

一千年過去了，這次，天使要把關在「無底洞」的撒旦放出來了。

於是，撒旦帝國的命令系統恢復了，惡靈軍團再度動了起來。他們分散四方，向世界諸國的人民灌輸反基督教的意識波。受到影響的人類就組成軍隊，圍剿千禧年之城，經文中關於這個場景的描寫如下：

《聖經》預告的未來

七年大災難

在地上掀起了七年的浩劫（時間只有身為天父的造物主知道）

↓

耶穌的空中再臨

耶穌出現在空中（即宇宙中）。

↓

耶穌的選民

殉教的聖徒們將復活。接受耶穌話語的義人、注入「聖靈」的人（聖徒）的肉體會變貌，昇至空中與耶穌同再。

↓

千年王國

耶穌命令天使將撒旦封閉在「無底洞」，地上出現前所未有的樂園，將統治一千年。

↓

解放撒旦與宇宙的燃燒

天使將撒旦解放，撒旦的惡靈又開始活動，這時天降大火，宇宙燃燒並且消滅。

↓

最後的審判

耶穌將對在世間存在過了一切人的靈魂進行審判，分成永生（永遠住在天堂）與永劫（永遠在扔進火湖，即地獄）兩種人。

↓

耶穌回到無限空間

所有的工作結束之後，耶穌回歸無限界（造物主之處）。

「那一千年完了，撒旦必從監牢裡被釋放，
出來要迷惑地上四方的列國，就是歌革和瑪各，
叫他們聚集爭戰；
他們的人數多如海沙。
他們上來遍滿了全地，
圍住聖徒的營與蒙愛的城。」

——（啟示錄，第二十章七～九節）

哎呀，不妙。——然而這一瞬間，火從天而降，燃燒他們。

「就有火從天降下，燒滅了他們。」
結果，宇宙也被火燒殆盡。

——（啟示錄，第二十章九節）

造物主為什麼要這麼做呢？把宇宙燃燒殆盡，那麼地球也被消滅了。
「等一下。為什麼，造物主要這麼做！」
我不加思索地叫了出來，打斷了話題。如果這裡不理解的話，我就沒辦法進一步說明。
「是嗎？讓我想想看。」

聖經小百科　歌革和瑪各（God and Magog）

歌革是在「以西結書」登場的瑪各國王，被預言會率領大軍進攻以色列而敗北的人物。瑪各是亞別（挪亞的兒子）的子孫。不管是歌革或者是瑪各，在「約翰的啟示錄」裡他們都背叛了造物主，後來皆被消滅了。《聖經》中以他們作為「反基督」的象徵。

我是在提問耶……。但是，說著又站了起來，倒了杯咖啡。

「關於那個嘛，《聖經》上可沒有說哦。」丟下了這樣的話。

6「最後的審判」何時、如何進行？

我想了想，為什麼造物主要消滅宇宙？但是想不出答案，完全沒有頭緒。

——咖啡的香味。每次來訪他都會倒一杯給我。為什麼這家的咖啡那麼香醇呢？

——最後的審判！那時候，我的心中閃現了這個詞。這或許和最後的審判有什麼關係。這麼做，說不定是審判的前兆。

換句話說，像這樣把總陣營分為「耶穌這邊」和「撒旦那邊」，就沒有「中間」。黑白分明，也就是沒有灰色地帶。如此一來，或許方便造物主審判。

「其實我是站在你那一邊的」這樣的話，是非常含糊不清的。由於這樣的情況是絕對行不通的，所以就會導致「好了，就到此為止」的結果。

「……是這樣嗎？」我問道。

「已經表現出洞察力啦！具有說理的直觀能力……。你的確很用功喔！」

老師難得如此誇獎我，接著又繼續為我解說。

最後的審判——死者甦醒，進入審判的法庭

現在終於要開始談「最後的審判」了。

宇宙消滅時，生活在地上的人們肉體被燒毀，只剩靈魂。在此之前已經死亡的人們，也是只剩靈魂而已。這些靈魂全部裝進了「復活的軀體」，而走向審判的法庭。當然，耶穌從天降臨時復活的人們，則已裝進了復活的軀體。

想像這個審判情況而據之作畫的，有米開朗基羅著名的「最後的審判」。這時候，是由接受耶穌命令的天使進行審判。而審判則如下列程序進行。

誰可以免受審判？

有些人可以不必接受這個審判。

第一種是耶穌再度降臨時復活的人們。亦即前一章提及的「那些因為給耶穌作見證，並為　神之道被斬者」和「那沒有拜過獸與獸像，也沒有在額上和手上受過他印記的人」（啟示錄，第二十章四節）。

這些在耶穌再度降臨時復活的人們，被稱為「第一次復活」。後來，其他死者的

聖經小百科　米開朗基羅名作「最後的審判」

義大利人的首都羅馬境有個梵諦岡城國，天主教的總部就為在梵諦岡教廷裡。米開朗基羅（Michelangelo，AD1475-1564）是文藝復興時期的藝術家，他用「創世記」神話中的九個故事裝飾了西斯汀禮拜堂的天花板。「創造亞當」、「逐出伊甸園」都是西斯汀禮拜堂的著名壁畫。

復活，則被稱為「第二次復活」。

關於這些「為　神之道被斬者」，《聖經》中記述如下：

「在頭一次復活有分的福了，聖潔了；第二次的死在他們身上沒有權柄。」

——（啟示錄，第二十章六節）

這裡所謂「第二次的死」，是最後的審判中所指的「扔進火湖」（啟示錄，第二十章十四節）。「第一次的死」，是指我們通常想到死亡時的那種「肉體的死亡」。由於「第二次的死在他們身上沒有權柄」，將在他們扔進火湖的力量並不存在。也就是說，他們前往無可挑剔的天堂，沒有接受重新審判的必要。

第二種免受審判的是惡魔。《聖經》中記載：

「有火從天降下，燒滅了他們。那迷惑他們的魔鬼被扔在硫磺的火湖裡，就是獸和假先知所在的地方。他們必須晝夜受痛苦，直到永永遠遠。」

——（啟示錄，第二十章九～十節）

如果宇宙消滅的話，惡魔立刻會被扔入火湖。

第三種，是獸與假先知。

「那些傢伙，等到大災難節數、在千禧年開始前會被扔進火湖的；」

——（啟示錄，第十九章二十節）

免受審判的第四種人，是認定耶穌教義為真理的人。

「信子的人，不被定罪。」

——（約翰福音第三章十八節）

這是可以直昇天堂的一組人。《聖經》中所說「信者得永生」，這就是指這時候的事。進入造物主的王國這件事，比一般所想的還要晚才發生。

第五種獸審判的，是耶穌直接對他們傳道、卻不領受教義的人。

「不信子的人，罪已經定了。
因為他不信，神獨生子的名。
光來到世間，
世人因自己的行為是惡的，

聖經小百科　獸與假先知（the beast and the false prophet）

所謂的「獸」（the beast）就是自稱是「救世主」（基督）的人，「假先知」（the false prophet）則是為獸作見證人（這種人其實也會接受真正的救世主的啟示。）

不愛光，倒愛黑暗，
定他們的罪就是在此。」

——（約翰福音，第三章十八～十九節）

這裡的「光」就是指耶穌，因此，對象限定為「由耶穌直接傳道、傳福音的人」。因為「罪已經定了」，所已全部直接被扔進火湖。

其他人如何被審判？

以上各種人之外的人類，每一位都要步入審判法庭。然而審判如何進行，老實說我並不是很清楚。

「我又看見死了的人，無論大小，都站在寶座前。
案卷展開了，並且另有一卷展開，就是生命冊；
死了的人都憑著這些案卷所記載的，
照他們所行的受審判。於是海交出其中的死人；
死亡和陰間也交出其中的死人；
他們都照各人所行的受審判。
死亡和陰間也被扔在火湖裡；這火湖就是第二次的死。

聖經小百科　寶座（the throne）

耶穌位於天上的寶座。真正的審判，天使們會接受並且執行耶穌所下達的命令。

若有人名字沒記在生命冊上，他就被扔在火湖裡。」

——（啟示錄，第二十章十二～十五節）

「若有人名字沒記在生命冊上，就被扔在火湖裡」，這本生命冊的名稱，在《聖經》其他部分出現很多次。然後，人們為了讓名字記在生命冊上，「具體來說非做什麼不可？」在《聖經》中遍尋不著相關的記載。

此外，「生命冊」以外的書物為數眾多，也有根據它們來審判的，但《聖經》中並沒有揭示這些書物「是什麼東西」。還有，雖然依照「自己所行」受審判，但也沒有針對所行的內容記載「什麼所行會受到什麼審判」。結果，其他人的審判到底是什麼，至今我也無法解讀。

若進一步串連成討論《聖經》的網路，或許答案會浮現吧！不過，目前看來只好託付給各位在未來實現。

原來老師也有無法解讀的時候啊！我覺得有說不出的安心。

感覺老師終於比較貼近自己了……。還有，他還託付給我們這個世代一個尚未解決的課題。

聖經小百科　死亡和陰間（death and Hades）

「死亡」是充滿（生命能量）負向指數的場所。如果以宇宙的某個地方來比喻的話，他就像是黑洞一樣。「陰間」（Hades）這個字原本在希臘神話當中指的是「存在於地下死者之間的統治者＝冥王」之意。在《聖經》裡可以解讀為「死者所在的地獄世界」，也可以將其視為宇宙中的某個空間。

「最後的審判」後，世界變成什麼樣子？

關於這一點，《聖經》上說：

「其後末期到了，那時基督既將一切執政的，掌權的，有能的，都毀滅了，就把國（筆者注：天堂）交與父　神。

因為基督必要作主，

等　神把一切仇敵都放在他的腳下。

……萬物既服了他，那時，聖子也要自己服那叫萬物服他的，

叫　神在萬物之上，為萬物之主。」——（哥林多前書第十五章二十四～二十八節）

耶穌的使命一旦完成，必須「把國交與父　神」，也就是「回歸無限者的父　神之處」。因此，造物主主導的壯麗的劇碼也結束了。

不過，所謂壯麗，從我們人類的角度看，確實是如此。但是對造物主來說，或許不過是一幅畫卷罷了。又或許，每一個人的人生，對造物主來說不過是街角張貼的一張張飄搖的海報罷了。

聖經小百科　生命冊（book of life）

「生命冊」一詞，分別出現在「詩篇」69 章 28 節、「以賽亞書」4 章 3 節、「腓立比書」4 章 3 節、「啟示錄」3 章 5 節、、17 章 8 節、13 章 8 節、21 章 27 節。

在「最後的審判」被審判的人和不被審判的人

不被審判的人

直接前往天堂

- 耶穌再次降臨時復活的人
- 認同耶穌的教義是真理的人（接受其信仰的人）

直接前往地獄

- **撒旦**
  宇宙被消滅後，立刻被扔進「火湖」之中。
- **獸和假先知**
  在千年王國開始之前，將會被扔進地獄。
- **耶穌直接傳道**
  不接受其教義的人，將會被扔進地獄。

↓

剩下的全部都要接受審判

但是，
「以什麼作為基準，接受什麼樣的審判？」
依然是個未解之謎。

當然，現在米吉多這個地方依然存在著。在《聖經》中特別有名，而現在成為以色列的觀光景點之一。

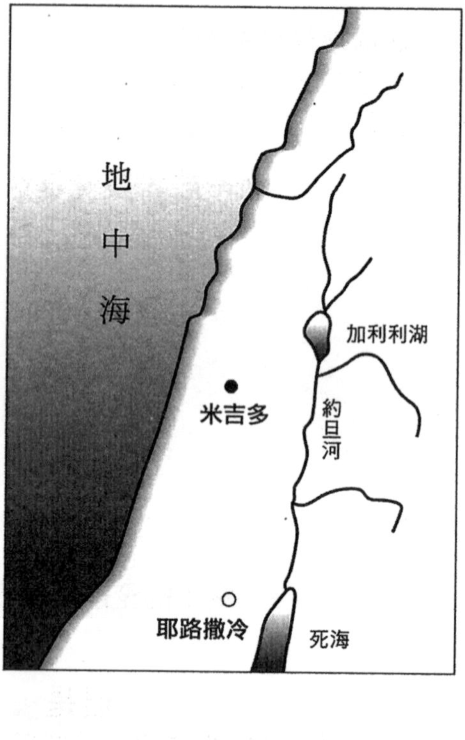

「哈米吉多頓＝世界末日之戰」的大騙局

許多宗教團體提出世界末日之戰的言論，引發世間騷動不安。他們所說的「哈米吉多頓」，《聖經》中也有出現。

的確，《聖經》中是有「哈米吉多頓」這一詞語，但那只是地名。他們所說的是張冠李戴、穿鑿附會。

正如右圖所示，展開以色列地圖，在加利利湖左斜下方有個地方叫做「米吉多」。而「哈」是「山丘」之意。兩者合起來成了「哈米吉多頓」，也就是「米吉多之山丘」。

根據《聖經》（啟示錄）所載，這山丘是「在　神全能者的大日長集爭戰」之地。然而在此發動是世界末日之戰云云，《聖經》並無記載。經文如此寫道：

「他們本是惡魔的靈，施行奇事，出去到普天下眾王那裡，叫他們在　神全能者的大日聚集爭戰。……他們叫眾王聚集在一處，希伯來話叫做哈米吉多頓。」（啟示錄，第 16 章 14-16 節）

在此之後，宇宙就被火燒毀了。

此外，這原本是千禧年結束後的故事。在此之前，仍有「七年大災難」及「耶穌從天降臨」等事件，《聖經》上不可能會說「不久的將來將發生世界末日之戰」。

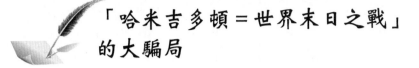

無論如何，這是《聖經》文化圈人士的歷史觀。他們幾乎把這一架構視為唯一的基礎，而據以理解世界發生的事情、構思因應對策。

例如他們在看待社會制度時，非常重視人類精神上「自由程度的大小」。這是因為，《聖經》上也有「造物主認可的『福音的接受』是依據人類的自由意志所選擇的」這樣的基本理念。

因為被威脅、強迫，或因為董事長或上司是基督教徒而認為受福音有利於己，這類的方式都不被認可。所謂「自由」，就是「以正確態度來接受福音作為其絕對的條件」。

基本上，他們反覆在日本強迫社會結構進行改革，就是基於這樣根深蒂固的理念。以終身雇用制度問題來看，無論在經濟上多麼有效率，但是在很多地方限制了人類的自由。也因此，現代日本的經營體系正處於分崩離析的狀態。

目前，由他們握有主導權的世界正在重組、運作中。因此不了解《聖經》的話，就無法掌握人生的方向、融入當今國際化社會，可以說是既無法當自己的舵手、也無法擔任企業或國家的舵手……。

| 終章 |

人們為何相信要《聖經》

《聖經》的研讀，終於來到最後的階段。但是現在又湧出新的疑問。

「認同耶穌死於十字架是救贖行為的話，就賜予被拯救的資格。」我想這是非常有用的情報。不過，儘管不適全然相同，但還有其他近似的說法。以日本淨土宗來說，唸誦「南無阿彌陀佛」就可達到極樂世界。其他例如死後靈魂的「救贖」的教理，現在有很多。

在當時，大概也差不了多少吧。羅馬帝國有羅馬神話，希臘有希臘神話。其中，「耶穌的教義是真理」的信仰在各地迅速地傳開，成為現今世界最大的宗教，我怎麼樣都無法接受。

我又再度去拜訪那人。他似乎深深嘆了口氣，喃喃說道：「這是進階的專業問題啊……」接著便開始講解。

為什麼耶穌的教義能急速向外傳播？

這可以說是傳播福音時的「奧義」的問題。因此，或許並不向之前的內容那麼輕易能理解。

耶穌藉著被釘在十字架上來拯救人類的消息「傳遍了全世界的人們」。耶穌命令弟子，不論是單獨一人或許很多人，都要「拯救」他們，不要讓他們被丟進火湖。也就是傳教命令。

福音的教理雖然很有系統、非常合理，但我不認為人們光聽教意就能立刻接受它。

我們現代人總認為「以前的人太過迷信」，其實不然。由新約聖經中的書信等等來看，早期的信仰者就理性上而言，甚至比現代人有過之而無不及。

關於靈等等問題，終究是肉眼看不見的世界的事。在某種意義上來說，那是怎麼說都可以的世界，因此若僅僅傳達這樣的事情，通常誰也不相信。就連當時的人們也有不少人把十字架的故事當成笑話。

然而，《聖經》中提示了因應這個問題的對策。這就是和其他宗教的教典不同的決定性因素之一。

肉眼看不見的「聖靈」在支援……？

《聖經》上有「人的意識的本體，就在於那人體內擁有『靈』」這樣的基本思想。「靈」可以自己發動意識波，能影響其他靈的意識。

聖靈也是靈，當然也能如此。而靈和造物主同屬創造靈，其意識是由造物主的意識而來，因為也具有全能者的靈，所以能認知所有靈界的事物。這聖靈的意識波是如何影響人類的靈呢？《聖經》上所記載，視耶穌的訓示為真理的意識，是在靈（潛在意識）的層次形成的。

根據《聖經》記載，這聖靈會進入信仰者的身體裡。令人驚嘆的是，在耶穌被處死之前即已做了這個約定，後來也依約行事。

加深弟子信仰教義的事件

根據《聖經》，在耶穌死亡後，出現了描寫弟子們自己建造傳道教會情形的《使徒行傳》這本書。這本書的開場紀錄了當時的狀況，在此引述如下：

「五旬節到了，門徒都聚集在一處。
忽然，從天上有響聲下來；
好像一陣大風吹過，充滿了他們所做的屋子；
又有舌頭如火焰顯現出來，分開落在他們各人頭上。
他們就都被聖靈充滿，按著聖靈所賜的口才說起別國的話來。
那時，有虔誠的猶太人從天下各國來，
住在耶路撒冷。
這聲音一響，眾人都來聚集，

聖經小百科　五旬節

別名 Pentecost（希臘語）。是猶太人的三大節日之一，「逾越節」（為了紀念祖先從埃及逃出的祭典）之後，算起來第 50 天（一旬 10 天），所以稱為五旬節。在猶太教，這一天是摩西在西奈山領受造物主所給予的「十誡」的日子，也是「感謝律法的紀念日」，對於基督徒來說，五旬節成為聖靈降臨事件的紀念日。

各人聽見門徒用眾人的方言說話，
就甚納悶；
都驚訝希奇說：『看哪！這說話的人
都不是加利利人嗎？
我們各人怎麼聽見他們說
我們生來所用的方言呢？』」

——（使徒行傳第二章一～八節）

「五旬節」是猶太人的一種祭典。這一天，聖靈同時進入了服從耶穌的約一百二十名信徒的身體裡。

這種現象怎麼看得出來呢？那是因為聖靈進入時，那人就會說出「奇言異語」。直到現在，在美國或加拿大的五旬節派教會（Pentecostal Church）等，還可以看見這種現象（譯者注：在台灣通稱為靈恩派教會）。

所謂「奇言異語」，就是指和我們一般使用的語言不同的話語，英語叫做 strange tongue。因此，被聖靈充滿的現象，可由耳朵和眼睛得知。

雖然肉眼看不見靈，但聖靈確實可以用五官感受。

此外，這現象又被稱為「聖靈的洗禮」。新教徒稱呼眾視這種洗禮的教派為五旬節教派或五旬節派教會。

聖經小百科　奇言異語

現在，信徒說奇言異語的模樣很容易在美國的五旬節派教會的裡拜見到。文獻上，可以參考派特．羅伯森（Pat Robetson）的著作《天線接收的聲音》。他長期在美國的電視頻道中主持福音佈道節目（譯注：如700俱樂部），獲得社會一致的信賴。還曾經出馬角逐美國共和黨總統提名，但拜在當時的總統雷根（Reagan）之手。

印記（奇蹟）語聖靈真的存在嗎？

由於聖靈洗禮的發生，讓弟子們對耶穌教訓的信仰更加深刻。根據〈使徒行傳〉，他們擁有和以往大不相同的強大力量，並開始見證耶穌的教義即其復活。由於聖靈的緣故，肯定耶穌教義的意識會時常從體內湧現，結果堅定的信仰就變得不可動搖。

不僅如此，他們在講述耶穌事蹟，還同時出現許多被稱為「印記」的奇蹟。其中代表之一就是疾病得醫治。聖靈是以「證主」的身分在工作。，

以弟子為首的信徒傳播福音、講述耶穌事蹟，然後握住病人的手，以耶穌之名祈求。結果，病人痊癒了，還有聽眾群中的病人也痊癒了。

為什麼會這樣呢？許多人因此開始信仰耶穌的教義為真理，不信的人則多少受到了衝擊。

就這樣，傳道的成果有了非常顯著的提升。到處都很快成立了教會，可以說是它的收獲。

因此，關於聖靈的工作，是《聖經》思想的精髓。事實上，所謂「報佳音」，報出來的訊息其實只有「上帝的救贖」。它也包含聖靈的工作在內，是一整套的東西。

聖經小百科　印記（the mark）

聖靈顯現稱為「印記」的現象，主要是以疾病得「醫治」作為代表。以美國為例，最顯著的就是牧師或傳道者被稱為靈療者，在全美各地成立「靈療聖會」。戰後代表的靈療者像是一位至今超過八十歲的歐萊爾˙羅勃茲，還有已故的凱薩琳˙庫曼以即目前正活躍中的班尼亨。

何謂「三位一體」（Trinity）？

根據《聖經》記載，「父、子與聖靈」，亦即「造物主」、「其子耶穌」和「聖靈」是一體的。三者都是創造靈，而不是被創造靈。

然而，三者各自擁有獨立的意志。儘管如此，以結果來看，三者的意志都是相同的。在行十字架之刑前，耶穌像天父祈求：

「我父啊，倘若可行，求你叫這杯離開我；然而，不要照我的意思，只要照你的意思。」（馬太福音第 26 章 39 節）

耶穌曾說過關於出自自己口中言語的話：

「你們所聽見的道，不是我的，乃是差我來之父的道。」（約翰福音第 14 章 24 節）

也就是耶穌自己說話時，是與天父的旨意一致。關於聖靈，耶穌如此說道：

「他要榮耀我；因為他要將受於我的，告訴你們。」（約翰福音，第 16 章 14 節）

三者的意志獨立而一致。換言之，三者形象差異，但實為一體。這在神學上稱為「三位一體」。

外在的聖靈、內在的聖靈

當然，聖靈也能由人的外部影響他。

弟子們大膽地傳道說：「耶穌藉著在十字架上之死，承認彌補人類的罪（生命能量的不足）是造出來的，實現了救贖的力量。」那時候，聖靈即從外部傳輸信仰的意識波到聽眾心中。

這次的課題就是，或許你也會有突然間領悟真理的時刻。這種時刻，就是《聖經》中所謂「聖靈在外部工作」。

不過，《聖經》中記載，靈是「像風般來去」。因此，雖然聽眾有時候會受到感動，認為所傳的道是真理，但不久後會產生這樣的疑問：「那時候，位什麼自己會被那樣的話感動呢？」這是因為聖靈已經離去了。

然而根據《聖經》，進入身體的聖靈是不會出來的。因此，在這種情況下，聖靈就不只能從體內深層發出影響，也可以在平時就發出影響力。

原來如此……。很有趣，好厲害。雖然我也一直這麼認為。

聽完後回家，我開始複習。然而之是增加了，卻又產生了更多的疑問。我這麼說時，他笑著說道，真理是「愈探究愈感覺到它的浩瀚無窮啊！」

我愈來愈入迷了，但他說，「先講到這裡就可以了」。儘管我覺得不滿足，現在就暫且聽他的話好了。因為我原本只是張白紙，能得到那些知識也夠了。

——啊，好棒的一個春假。

我不知道是否可以據此形成人生觀，但確實拓展了視野。也有一些深刻的感覺……，或許是感謝吧。

現在，我把全部的講課再做整理、記錄。整理文章之際，覺得這是相當長的故事，但是聽的時候，卻感覺非常短暫。

就暫時不再去他那裡了。快接近故事的尾聲時，不知為什麼我常常流下淚來。有時會淚流不止。

今天也一樣。他笑著，一面把小包面紙塞進我手中。市街上發的那種宣傳用面紙，大概是在車站前拿到的吧……。

國家圖書館出版品預行編目資料

聖經圖解 /鹿嶋春平太作；趙佳誼、張明敏譯. -- 初版. -- 臺北市：商周出版 :城邦文化發行，2003〔民92〕

面；　公分. --（經典一日通 006）

ISBN　986-124-087-X（平裝）

1. 聖經－研究與考訂

241.01　　92019448

BI 2006X

聖經圖解（改版）

原　書　名／図解聖書のことがよくわかる本
作　　　者／鹿嶋春平太
譯　　　者／趙佳誼、張明敏
責 任 編 輯／郭乃嘉、劉芸
版　　　權／黃淑敏、翁靜如、邱珮芸、林心紅、吳亭儀
行 銷 業 務／莊英傑、周佑潔、王瑜

總　編　輯／陳美靜
總　經　理／彭之琬
事業群總經理／黃淑貞
發　行　人／何飛鵬
法 律 顧 問／台英國際商務法律事務所　羅明通律師
出　　　版／商周出版
臺北市104民生東路二段141號9樓
電話：(02) 2500-7008 傳真：(02) 2500-7759
E-mail：bwp.service@cite.com.tw
發　　　行／英屬蓋曼群島商家庭傳媒股份有限公司　城邦分公司
臺北市104民生東路二段141號2樓
讀者服務專線：0800-020-299　24小時傳真服務：(02) 2517-0999
讀者服務信箱E-mail: cs@cite.com.tw
劃撥帳號：19833503　戶名：英屬蓋曼群島商家庭傳媒股份有限公司城邦分公司
訂 購 服 務／書虫股份有限公司客服專線：(02) 2500-7718；2500-7719
服務時間：週一至週五上午09:30-12:00；下午13:30-17:00
24小時傳真專線：(02) 2500-1990；2500-1991
劃撥帳號：19863813　戶名：書虫股份有限公司
E-mail: service@readingclub.com.tw
香港發行所／城邦（香港）出版集團有限公司
香港灣仔駱克道193號東超商業中心1樓
Email：hkcite@biznetvigator.com
電話：(852)2508-6231　傳真：(852)2578-9337
馬新發行所／城邦(馬新)出版集團 【Cite (M) Sdn. Bhd.】
41, Jalan Radin Anum, Bandar Baru Sri Petaling, 57000 Kuala Lumpur, Malaysia.
57000 Kuala Lumpur, Malaysia
電話：(603) 9057-8822　傳真：(603) 9057-6622　E-mail: cite@cite.com.my

封 面 設 計／黃宏穎
印　　　刷／韋懋實業有限公司
總　經　銷／聯合發行股份有限公司　電話：(02)2917-8022　傳真：(02)2911-0053
地址：新北市231新店區寶橋路235巷6弄6號2樓

■ 2003年12月初版
■ 2020年1月15日二版1刷

Printed in Taiwan

城邦讀書花園
www.cite.com.tw

ISBN 986-124-087-X
定價／250元